○ 著

风华女诗人

○○一本书读完

CNS PUBLISHING & MEDIA

湖南文艺出版社

HUNAN LITERATURE AND ART PUBLISHING HOUSE

引言

历史往往是粗粝的、冰冷的、男人的；

而叙说往往是温柔的、缱绻的、女人的。

那一点玲珑笔墨，像是簪在发间的花，

是点缀，也是点睛。

不外乎，为你，为天地，为山河万里、

日月星辰、地老天荒。

图书在版编目（CIP）数据

一本书读完风华女诗人 / 青黎著. -- 长沙 : 湖南文艺出版社，2021.7

ISBN 978-7-5404-9626-5

Ⅰ. ①一… Ⅱ. ①青… Ⅲ. ①女性－诗人－生平事迹－中国 Ⅳ. ①K825.6

中国版本图书馆CIP数据核字(2020)第064202号

一本书读完风华女诗人

Yi Ben Shu Du Wan Fenghua Nü Shiren

作　　者：青　黎
出 版 人：曾赛丰
责任编辑：李　阔
监　　制：邓　理
策划编辑：彭朝霞
封面设计：創研設 BOOK Design QQ:418808878
内文设计：杨　露
出版发行：湖南文艺出版社
（长沙市雨花区东二环一段508号　邮编：410014）
网　　址：www.hnwy.net
印　　刷：湖南天闻新华印务有限公司
经　　销：新华书店
开　　本：140mm×200mm　1/32
字　　数：147千字
印　　张：7.75
版　　次：2021年7月第1版
印　　次：2021年7月第1次印刷
书　　号：ISBN 978-7-5404-9626-5
定　　价：45.00元

目录

一本书
读完
风华女诗人

东汉

西晋

前秦

南 朝

唐

宋

元

明

清

后记

我心昭昭如日月

东汉 班昭

东征赋

惟永初之有七兮，余随子乎东征。时孟春之吉日兮，撰良辰而将行。乃举趾而升舆兮，夕予宿乎偃师。遂去故而就新兮，志怆悢而怀悲。

明发曙而不寐兮，心迟迟而有违。酌罇酒以弛念兮，喟抑情而自非。谅不登椽而椽蠡兮，得不陈力而相追？且从众而就列兮，听天命之所归。遵通衢之大道兮，求捷径欲从谁？乃遂往而徂逝兮，聊游目而遨魂。

历七邑而观览兮，遭巩县之多艰。望河洛之交流兮，看成皋之旋门。既免脱于峻崄兮，历荥阳而过卷。食原武以息足，宿阳武之桑间。涉封丘而践路兮，慕京师而窃叹。小人性之怀土兮，自书传而有焉。

遂进道而少前兮，得平丘之北边，入国郭而追远兮，念夫子之厄勤。彼衰乱之无道兮，乃困畏乎圣人。怅容与而久驻兮，忘日夕而将昏。到长垣之境界，察农野之居民。睹蒲城之丘墟兮，生荆棘之榛榛。惕觉寤而顾问兮，想子路之威神。卫人嘉其勇义兮，讫于今而称云。蘧氏在城之东南兮，民亦尚其丘坟。唯令德为不朽兮，身既没而名存。

惟经典之所美兮，贵道德与仁贤。吴札称多君子兮，其言信而有征。后衰微而遭患兮，遂陵迟而不兴。知性命之在天，由力行而近仁。勉仰高而蹈景兮，尽忠恕而与人。好正直而不回兮，精诚通于明神。庶灵祇之鉴照兮，祐贞良而辅信。

乱曰：君子之思，必成文兮。盍各言志，慕古人兮。先君行止，则有作兮；虽其不敏，敢不法兮。贵贱贫富，不可求兮。正身履道，以俟时兮。修短之运，愚智同兮。靖恭委命，唯吉凶兮。敬慎无怠，思嗛约兮。清静少欲，师公绰兮。

提到班昭，就不得不提那部毁誉参半的《女诫》。在近代之前，它曾是所有大家闺秀一生所奉典范，而在近代之后，它则被斥为“女子之大贼”，地位陡然天翻地覆。然而无论它存在的意义何在，这始终是一部影响了中华上下近两千年历史的典籍。作为《女诫》的创作者，班昭在文学史上的地位毋庸置疑。

续修《汉书》、代兄上书、撰写《女诫》……班昭的人生大约可以拍摄成一部经典的大女主电视剧。她的事迹早已出现在历史书上，许多人耳熟能详，不必赘述。甚至连康有为也说“以班昭之学识、秦良玉之勇毅……列于须眉男子中已属凤毛麟角”。

她作为女子，所作所为太过刚强和炽烈，甚至于后世几千年，史书记载都将她禁锢在一个端庄、古板、肃直的形象中。这让太多人忘记，在一页页史料记载掩盖的背后，最初的她原本是个温柔娴静的小姑娘。

出生在汉光武帝刘秀当政时期的班昭，由于父亲为官清廉，始终过着贫穷的生活，唯有家中藏书是她童年成长的唯一宝藏和慰藉。因为贫穷，班昭从小便通过抄书帮助家里维持生计，也因此得到了比寻常女子更多的学习机会，年纪尚幼的班昭就像一块海绵一样源源不断地汲取知识。

同样因为贫穷，班昭不得不早早嫁人，为家中兄长换回彩礼和银钱。所幸，她的夫君很好。

班昭的夫君曹世叔性情开朗，与班昭的温顺柔和相得益彰，在班昭提出关于《女诫》的初始想法时，曹世叔还与之辩驳探讨。这是那个时代男性的开明眼光和广阔胸襟，他的妻子博学多才，聪敏灵变，不该被束缚在《女诫》的横钩撇捺之间。

于是班昭笑着同他解释，这是为了班家豆蔻年华的小姑娘们写的，她希望能为还未出阁的班家后代留下一点零星笔墨，尽一点绵薄之力。

曹世叔便不再干预妻子，用他的包容和宽厚默默地爱着班昭。然而这样的幸福并不长久，在班昭的生命里，“早寡”两个字成为其一生无法抹去的伤痛。

曹世叔极早便过世了，班昭却正值最好的年华。悲伤与孤独从未将她击倒，反而赋予她更多的勇气与坚强。

在经纶典籍中长大、满腹诗书的班昭，目光远不局限于闺阁小儿女的情怀，在彻底失去爱情后，她目光所及之处，更多的是政治上的忧患。

当时外戚干政严重，尤其是女戚，邓太后年少摄权，班昭身为邓太后的老师，已踏入了朝政的大门，“及邓太后临朝，与闻政事”。班家的地位扶摇直上，在经历了兄长班固的牢狱之灾后，班昭心生警惕，唯恐班家女眷因此恃宠而骄，因而重拾笔端，编写《女诫》，名义上教导班家女儿，实则警醒敲打。

邓太后阅过《女诫》的初稿后，闻弦歌而知雅意。为了有效遏制外戚壮大的风气，也为了稳定女眷主政的动荡朝政，《女诫》在邓太后突如其来的推广之下，迅速席卷整个国家，一跃成为天下女子的典范。

班昭人生的顶峰之路，便是从《女诫》开始，可惜此时她已缓缓走进暮年。

而《女诫》大成，曹世叔的妹妹曹丰生竟上书反驳。两位同样有着大智慧与勇气的女子能够不顾及世俗眼光，坦然上书辩论，在当时无疑是一种美谈。而这种不限于性别的百家争鸣，更为班昭的大展才华提供了绝佳的环境。

另一部与班昭息息相关的巨著，是《汉书》。

《汉书》在历史学中的地位，丝毫不亚于《史记》。

班昭渊博的家学在此刻才崭露锋芒。世人都说百年家风，班家一门清流，从父亲班彪，到兄长班固、班超，再到班昭，甚至于班昭以后的班婕妤，自上而下，不说千年，至少百年之内，声名在外。

当时，司马迁的《史记》已然广为流传，续写《史记》成为时下文人的潮流。

“史家之绝唱，无韵之离骚”，岂是一般人能够续上的？所以当时的续作大多是狗尾续貂，有些甚至贻笑大方，“然多鄙俗，不足以踵继其书”。而对于班昭的父亲班彪来说，他对于《史记》既是赞美的，又是不赞同的。司马迁对董仲舒的公羊学和孔子的儒学都十分推崇，班彪则是专一传统的儒家学子代表，两者理念有冲突之处。为此，他在《史记》的基础上，跟随时代潮流，以自己的观点写了数十篇续作，成为《汉书》的初稿。班固在熟读父亲的续作后，才以此为志，花了二十余年修撰《汉书》。遗憾的是，直到班固去世，他也没完成《汉书》。

兄长班固去世，留下未竟之作《汉书》，班昭临危受命，应诏入宫，进入东观藏书阁续修《汉书》。班昭在阅读了大量史籍后，整理、核校了父兄遗留下来的散乱篇章，并在原稿基础上补写了八表：《异姓诸侯王表》《诸侯王表》《王子侯表》《高惠高后文功臣表》《景武昭宣元成功臣表》《外戚恩泽侯表》《百官公卿表》《古今人表》，历经四十余年的《汉书》遂成。

在《汉书》之后，班昭得到了皇帝和太后的认可，让她以帝师的身份入朝参政。

在这样一个男权时代里，班昭能够迈出这样一步，无疑是一种全新的突破，而班昭所写的“表”的文体，更是《汉书》中举足轻重的部分。值得一提的是，她从未有过骄傲和自满，《汉书》在最终署名之时，她仍是低眉俯首地写上了兄长班固的名字。这无关紧要，历史会为她正名。

除了续写《汉书》，撰写《女诫》，班昭最著名的第三次壮举，便是为兄请命。

班昭的另一位兄长班超出使西域，后又被封为定远侯，任西域都护。班超背井离乡三十年，待到垂垂老矣，疾病缠身，思乡心切的他才忍痛向皇帝上表请求回乡。

他上表说“臣不敢望到酒泉郡，但愿生入玉门关”，皇帝深为触动，但为了边塞安危，始终踌躇不定。

班超沉疴在身，命不久矣，唯一心愿便是归乡。兄妹连心，班昭心急如焚，随即准备为兄长御前请命。浸淫于朝政多年的班昭内心十分清楚，帝王之心，深沉难测，她的请命至关重要，措辞语气无一不需仔细推敲。用我们现代的话来说，这不仅需要高智商，还需要高情商。

像所有的上书一样，班昭赞美了皇帝的功德和英明，“缘陛下以至孝理天下，得万国之欢心”，将皇帝架在了高位上，给了他一顶“至孝”的高帽。

她在上书中描写班超时也充分运用了引人垂怜的形容词：“每有攻战，辄为先登，身被金夷，不避死亡”“超有书与妾生诀，恐不复相见”等。

最终，皇帝被这一封言辞真切又情理俱全的上书打动了，遂将班超召回国。

遗憾的是，班超回国后不到一个月便病逝，所幸终究骸骨归故乡，了却了一桩夙愿。

有了为班超上书的真切体会，班昭对驻守西域的将士与民生疾苦有了超乎寻常的关注。在跟随儿子曹成前往陈留赴任的途中，班昭有感而发，撰写了她人生中最质朴的创作——《东征赋》。

班昭一生为人师表，对待子女的教导更是用心良苦。与《女诫》一样，《东征赋》不仅仅是在叙述曹成赴任途中的见闻，更是班昭借作赋教导儿子为官应具之德。

《东征赋》的末尾写着“先君行止，则有作兮；虽其不敏，敢不法兮”，“先君”指的是父亲班彪，班彪在此之前作有《北征赋》。“揽余涕以于邑兮，哀生民之多故”，极具屈原《楚辞》的风格，而班昭的《东征赋》则在《北征赋》的基础上，青出于蓝而胜于蓝。

汉安帝永初七年，班昭随儿子曹成赴任陈留。阳春时节，母子俩择了良辰吉日启程。清晨便匆匆登车上路，傍晚时在偃师夜宿。这是班昭告别熟悉的京城，前往陈留的开始。

——我的内心满是离别的悲伤，一夜不眠到天明，命运强大而无法抗拒，只是我依旧心有徘徊。手中捧着酒杯，脑海里愁绪万千，为何没能出生在巢居穴处的上古时代，让我尽情施展自己的抱负与才能。如今大势所趋，只能顺其自然，静待天命归宿。治国之路本就崎岖坎坷，哪有什么捷径呢？就让我这高傲孤独的灵魂从京城慢慢消失，四处浪迹……

——一路途经七城，见过黄河洛水交汇的恢宏，见过成皋县旋门关的壮观，翻越山冈，穿过荥阳，匆匆在原武县用过午食，露宿在阳武县的桑林之间，渡过滔滔不绝的封丘河水，一步步离开曾经深爱且思念的故乡。

——前行不久，就到了平丘县的北城边，进入匡郭之地，思绪忍不住飘远。当年，圣人孔子在此地遭受围困的情景仿佛近在眼前。那是个怎样的乱世啊，我长久地立在这里，徘徊，惆怅，直到夜幕降临都流连忘返。等到了长垣县的地界，顺路拜访沿路的村民，目睹这些断壁残垣，遍地荆棘，灌木丛生，不复昔日的繁华景象。我再三向围绕在身边的村民们请教，神往着当年子路先生的风采，他的勇气代代相传。这让我想到，蒲城是贤者蘧瑗的家乡，也是埋葬他的安魂之所，那里的百姓依然对其敬若神明。

——所以说，人世间唯有美德才会永垂不朽。即便身入黄土，也能百世流芳。无论是书中赞不绝口的，还是民间广为流传的，都是美德。吴国公子季扎说过，“卫国君子多而无患”，这句话不但可信还很灵验。后来，卫国失去了众多正直的君子，因此才导致祸乱不断，至此衰败，再未兴盛。我知晓上苍主宰命运，因此便身体力行使自己努力变得更贤德。勉励自己要践行高尚的言行，对人尽善尽美、懂得宽恕，让上天知晓我的虔诚，保佑我这一颗辅佐之心。

在最后，班昭用“乱曰”两个字写出了自己真实的内心：作为一名君子，所该思考的必定是礼制和礼仪，人世间的贫穷与富贵都无法强求，贫穷时洁身自好，静待时来运转；富贵时不欺贫穷，不取不义之财。生命的长短在于天道，智慧的多少也在于天道，无论前路是吉是凶，唯有敬业慎行，谦逊自省，时刻保持清醒平静的心态，以孟公绰作为楷模，才是为君子之道。

孟公绰是春秋战国时期鲁国大夫，也是孔子相当敬重之人。班昭是虔诚的儒家学者，对于孟公绰亦十分推崇。《史记》中对于孟公绰的记载并不多，只说他“廉静寡欲，但短于才智”，而孔子赞扬他的，也正是他与儒家不谋而合的克己复礼的性情。

班昭教导儿子的，正如她一生所做到的那样，克制、隐忍、警惕、谦逊，这是她早寡，入朝，身为家中女眷，却不得不挺身而出独当一面的经历所带给她的不可磨灭的印记。

她的后代班婕妤同样深受礼义的教导，却辇之德，咏团扇诗，无一不表现出班家儿女一脉相承的清白家风和贤德脾性。

“这个世界上惟有两样东西能让我们的心灵感到震撼，一是我们头顶的灿烂星空，一是我们内心崇高的道德准则。”

性格决定命运，有时候，未尝不是命运决定性格。

风也怜她，
月也怜她

徐淑

答秦嘉诗

妾身兮不令，婴疾兮来归。
沉滞兮家门，历时兮不差。
旷废兮侍觐，情敬兮有违。
君今兮奉命，远适兮京师。
悠悠兮离别，无因兮叙怀。
瞻望兮踊跃，伫立兮徘徊。
思君兮感结，梦想兮容辉。
君发兮引迈，去我兮日乖。
恨无兮羽翼，高飞兮相追。
长吟兮永叹，泪下兮沾衣。

如果你去过甘肃通渭县，那你一定知道这对至死不渝的夫妇。南朝诗歌评论家钟嵘曾将他们写入《诗品》，“夫妻事既可伤，文亦凄怨”。在一个甘肃遥远的角落，一座合葬墓里，静静沉睡着这一对才华动人的灵魂。

武则天在晚年唏嘘感慨时曾说过，“至高至明日月，至亲至疏夫妻”，这句诗落到秦嘉与徐淑夫妇身上，却要为他们的亲密无间而自惭形秽。甚少有夫妻，真正能做到“爱不会因为死亡而结束”的境界。

“得成比目何辞死，愿作鸳鸯不羡仙。”秦嘉与徐淑，原本就是一对鹣鲽情深的小夫妻，年少成婚，恩爱非常。但徐淑的身体不好，时常需要卧床休养，有时甚至要回娘家静养。

故事就发生在此时。

徐淑因病还家，秦嘉却接到了赴洛阳任职的通知。多情自古伤离别，因为行程匆匆，秦嘉在催促中未能与徐淑当面告别，只来得及在车马颠簸的途中，写下一封道别的《赠妇诗》：

人生譬朝露，居世多屯蹇。忧艰常早至，欢会常苦晚。
念当奉时役，去尔日遥远。遣车迎子还，空往复空返。
省书情凄怆，临食不能饭。独坐空房中，谁与相劝勉？
长夜不能眠，伏枕独辗转。忧来如循环，匪席不可卷。

前四句，秦嘉写了未能面见徐淑告别的具体情形：人生譬如朝露，短暂一逝即过，我常常忧虑艰难困苦的离别会提前到来，而我们欢乐相聚的时光总是迟迟才来。想到我即将远赴洛阳，一去多时，想要派遣车马接你回家，却只等到了空车复返。

而后，他又诉说了自己的思念之情：看书时想到你，便觉得凄怆，吃饭时想到你，便觉得食不下咽，独自坐在房间里，却没有你来安慰我。长夜漫漫，辗转不能入睡，一旦悲伤席卷而来，便循环往复，不可解脱，而你需知道，我的心并非草席，不能随便翻卷。

“我心匪石，不可转也。我心匪席，不可卷也。”秦嘉套用了《诗经》里缠绵悱恻的一句诗，来表达自己对妻子徐淑的情意。

在那个年代里，身体不好是很容易遭到夫家嫌弃的，甚至在说媒下聘之时，双方就很看重身体是否健康。徐淑缠绵病榻，秦嘉能够将她娶进门，定然花费了许多心思说服父母，而徐淑久病之下，秦嘉心意始终如一，在当时极为难能可贵。

徐淑很快就回信了，回复的便是《答秦嘉诗》。

“妾身兮不令，婴疾兮来归。沉滞兮家门，历时兮不差。旷废兮侍觐，情敬兮有违”，我抱病回归母家，久而不愈，既旷废了侍候公婆，又有违对你的情意；“君今兮奉命，远适兮京师。悠悠兮离别，无因兮叙怀。瞻望兮踊跃，伫立兮徘徊”，如今你奉命远赴京师，一别悠悠，行前竟不能和你见面一叙衷曲，何时得见？我伫立、徘徊，向你遥望，抑制不住内心的激动；“思君兮感结，梦想兮容辉。君发兮引迈，去我兮日乖。恨无兮羽翼，高飞兮相追。长吟兮永叹，泪下兮沾衣”，我因思念你而内心郁结，只在梦中才见你的仪容。你出发远行了，离我一日远过一日。我恨自己身无羽翼，不能高飞追随你同行，唯有吟咏长叹，哭泣流泪而已。

这首答诗，徐淑巧妙地化用了楚辞的书写格式，一“兮”三叹，先写自己无法侍奉公婆、与丈夫道别的内疚与悲伤。从秦嘉的诗中可以看出，他派去接徐淑回家的车已经“空返”，而徐淑的内疚多半源于此。而后，徐淑着重写了秦嘉离开后，她绵绵不断的思念之情。“瞻望兮踊跃，伫立兮徘徊”同样套用了《诗经》中的“瞻望弗及，伫立以泣”，与秦嘉的告别诗有着心有灵犀的不谋而合。

在古时，生离往往是死别。公主和亲、将军戍边、远赴他乡任职……这种分别的计时单位都会是年，或者十年。当时的平襄县也就是现在的甘肃通渭县，通渭到现在的省会兰州就要三百多里，从兰州到洛阳至少要两千多里，一山高过一山，一水叠过一水，秦嘉这一去，隔着万水千山，甚至在未来很可能天人永隔，一生不得复返。

胡应麟在《诗薮》中盛赞这两首对答诗，只说：“秦嘉夫妇往还曲折，具载诗中。真事真情，千秋如在，非他托兴可以比肩。”

也有人说，徐淑的答诗化用了下面两首诗。

凛凛岁云暮

凛凛岁云暮，蝼蛄夕鸣悲。凉风率已厉，游子寒无衣。锦衾遗洛浦，同袍与我违。独宿累长夜，梦想见容辉。良人惟古欢，枉驾惠前绥。愿得常巧笑，携手同车归。既来不须臾，又不处重闱。亮无晨风翼，焉能凌风飞。眄睐以适意，引领遥相睎。徙倚怀感伤，垂涕沾双扉。

明月何皎皎

明月何皎皎，照我罗床帏。忧愁不能寐，揽衣起徘徊。客行虽云乐，不如早旋归。出户独彷徨，愁思当告谁？引领还入房，泪下沾裳衣。

从意境来说，“垂涕沾双扉”“泪下沾裳衣”“泪下兮沾衣”，三句诗确实雷同，但谁又能说这种等待和企盼的心不会相同呢？“泪下沾衣”，古往今来的思念，除了眼泪和书信，还能用什么来承载？

而后，秦嘉与徐淑夫妻又陆续有书信往来。

秦嘉在读罢徐淑的答诗后，写《与妻徐淑书》回道：

不能养志，当给郡使，随俗顺时，俛俛当去。知所苦故尔，未有瘳损。想念悒悒，劳心无已。当涉远路，趋走风尘。非志所慕，惨惨少乐。又计往还，将弥时节，念发同怨，意有迟迟。欲暂相见，有所属托。今遣车往，想必自力。

徐淑则答：

知屈圭璋，应奉藏使，策名王府，观国之光，虽失高素皓然之业，亦是仲尼执鞭之操也。自初承问，心愿东还，迫疾惟宜，抱叹而已！日月已尽，行有伴例，想严庄已办，发迈在近。谁谓宋远，企予望之。室迩人遐，我劳如何？深谷逶迤，而君是涉。高山岩岩，而君是越。斯亦难矣！长路悠悠，而君是践。冰霜惨烈，而君是履。身非形影，何得动而辄俱？体非比目，何得同而不离？于是咏萱草之喻，以消两家之思；割今者之恨，以待将来之欢。今适乐土，优游京邑。观王都之壮丽，察天下之珍妙。得无目玩意移，往而不能出耶！

得到徐淑的答复后，秦嘉辗转托人送给徐淑妆奁之物，并附《重报妻书》：

车还空反，甚失所望。兼叙远别，恨恨之情，顾有怅然。间得此镜，既明且好，形观文彩，世所希有，意甚爱之，故以相与。并致宝钗一双，价值千金。龙虎组履一緉，好香四种各一斤，素琴一张，常所自弹也。明镜可以鉴形，宝钗可以耀首，芳香可以馥身去秽，麝香可以辟恶气，素琴可以娱耳。

徐淑回信：

既惠音令，兼赐诸物，厚顾殷勤，出于非望。镜有文彩之丽，钗有殊异之观，芳香既珍，素琴益好。惠异物于鄙陋，割所珍以相赐。非丰恩之厚，孰肯若斯？览镜执钗，情想仿佛；操琴咏诗，思心成结。敕以芳香馥身，喻以明镜鉴形，此言过矣，未获我心也！昔诗人有“飞蓬”之感，班婕妤有“谁荣”之叹。素琴之作，当须君归；明镜之鉴，当待君还。未奉光仪，则宝钗不列也；未侍帷帐，则芳香不发也。

从这些来往书信中，徐淑的一些语句“观王都之壮丽，察天下之珍妙”“素琴之作，当须君归；明镜之鉴，当待君还”，不难看出，徐淑虽然终生蜗居小县城之中，但书中自有黄金屋，读万卷书行万里路，徐淑的内心自有宽阔的小天地。她以班婕妤自比，有古时女子勤俭贤淑的品德，又说王都壮丽，天下珍妙，亦有放君高飞的胸怀和志向。

对于秦嘉在洛阳的宏图大展，她是满怀期待的，亦是满怀羡慕的，她熟读经书典籍，不是眼界狭隘的闺阁小儿女，如果她能身为男子，早已同秦嘉一样展翅高飞。而如今，她的心与魂都已追随丈夫远赴洛阳。

好景不长，秦嘉在洛阳生了重病，不久就猝然早逝。

在信息闭塞的古代，消息几经车马颠簸才传到徐淑耳中。

秦嘉的过世对于病中的徐淑来说，不啻毁灭性的打击。但她念及一双儿女，只能强忍悲痛，强撑病体从娘家回到夫家操持家务。

此时，最契合徐淑心境的，大约是《葛生》：

葛生蒙楚，蔹蔓于野。予美亡此，谁与？独处。葛生蒙棘，蔹蔓于域。予美亡此，谁与？独息。角枕粲兮，锦衾烂兮。予美亡此，谁与？独旦。夏之日，冬之夜。百岁之后，归于其居。冬之夜，夏之日。百岁之后，归于其室。

——葛草漫山遍野，我孤独的爱人长眠在此，无人陪伴，独自安息，唯有等待春夏秋冬，日夜更替，百年之后，待我回到墓中与你相聚。

当她亲手整理秦嘉曾经的衣物，夜晚独坐空房思念往昔的时候，除了眼泪致以思念外，唯有孤独长伴此生。

世界上最遥远的距离，从来不是生与死。秦嘉的死亡从未令徐淑的爱终止，可徐淑的家人并不这样想。

在那个并不需要贞节牌坊的年代里，徐淑的兄长早已为妹妹物色好下一个婆家，强迫她改嫁——毕竟，嫁妆是十分可观的。作为受《女诫》教导长大的女子，徐淑做出了此生最激烈的反抗——她拒绝改嫁，坚持守节。

史书上记载她“毁形不嫁，哀恸伤生”，还写了《为誓书与兄弟》。“毁形”二字听来十分可怕，或许她是毁掉了自己姣好的面容，又或许她是节食令自己瘦到形销骨立，总之，用到“毁”字，定然已是她破釜沉舟穷途末路的最后一招，无论哪一种都对自己太过残忍。

徐淑的坚定彻底吓退了父兄和求娶的人家，但这种“杀敌一千，自损八百”的方式，终究严重损伤了她还在病中的身体，仅仅拒婚不到一个月，徐淑便在病榻上告别人世。

所以在清代，有一则民间的小曲儿这样唱：“可人夫婿是秦嘉，风也怜他，月也怜他。”

大约徐淑自己也没有想到，她会在这么短暂的时间里，就抛下年幼的子女，同秦嘉相聚，不到百岁，她便与他同室而眠。

在那个时代，也唯有徐淑，爱得动人心魄，风月可怜。

人非草木皆有情

甄宓

塘上行

蒲生我池中，其叶何离离。傍能行仁义，莫若妾自知。
众口铄黄金，使君生别离。念君去我时，独愁常苦悲。
想见君颜色，感结伤心脾。念君常苦悲，夜夜不能寐。
莫以豪贤故，弃捐素所爱。莫以鱼肉贱，弃捐葱与薤。
莫以麻枲贱，弃捐菅与蒯。出亦复苦愁，入亦复苦愁。
边地多悲风，树木何翛翛！从君致独乐，延年寿千秋。

建安九年，曹操举兵攻下邺城，曹丕前往袁绍府中善后，在这里，他见到了惊慌失措的甄宓——这位原本是袁绍儿媳的女子。乱世动荡之中，甄宓蓬头垢面，面目惊慌，但依旧美得惊心动魄。

曹丕回到曹府后立即向曹操求娶了甄宓。

其实，与其说是一见钟情，不如说曹丕是一见惊艳。对于甄宓，他未必有多深的爱，只是千军万马之间，酣畅大战之后，猛然间见到了足以令人沉醉的温柔乡，他紧紧绷着的心弦便悄然柔软下来。

传说曹操也倾心于甄宓，但最终为了爱子而让步。这种说法无从考据，无论是在《三国志》，还是演义小说《三国演义》里，曹操都是一个思贤若渴、礼贤敬贤之人。以曹操乱世枭雄的性情，“宁可我负天下人”的脾气，要他拱手让出看上的女人，绝非简单之事。私以为只是一种风月传说罢了。

甄宓无从选择，顺从地嫁给了曹丕。

这种顺从贯穿了她的整个人生。她顺从地接受了自己的命运，并试图使其变得更令人期待——她陆续生下了儿子曹叡和女儿东乡公主。

东乡公主是曹丕唯一的女儿，备受曹丕宠爱。而此时的甄宓，也因为连生两个孩子，令曹操和夫人卞氏对她赞不绝口。

如果公婆的喜爱能够为儿媳妇的人生保驾护航的话，那古往今来许多悲剧都能避免，徐志摩不会抛弃张幼仪，鲁迅不会和朱安“相敬如冰”。

曹丕是一个同曹操性情相差极大的人，父子俩唯一的共同点就是极具野心。曹操的心很广，也很冷，但是曹丕年少时，还保有一点少年的忧郁，甚至还很有生活情趣。寻常帝王喜怒不定，而曹丕的爱好流于表面——他爱吃葡萄。

《与群臣论被服书》中有记：“三世长者知被服，五世长者知饮食。此言被服饮食，非长者不别也……中国珍果甚多，且复为葡萄说。当其朱夏涉秋，尚有余暑，醉酒宿醒，掩露而食，甘而不饴，脆而不酢，冷而不寒，味长汁多，除烦解渴。又酿以为酒，甘于鞠蘖，善醉而易醒。道之固已流涎咽唾，况亲食之邪？他方之果，宁有匹之者！”

曹丕自己在诏书中也曾记：“南方有龙眼、荔枝，宁比西国葡萄、石蜜乎？”

甄宓似乎从未意识到，她的丈夫是一个闷骚骄傲却拥有小乐趣的人。

这一点，从曹丕的诗作中就可以看出来，“俯视清水波，仰看明月光”“援琴鸣弦发清商，短歌微吟不能长”，他的辞藻细致又高冷，隐隐还有一种临水照花的孤芳自赏。刘勰曾在《文心雕龙》中这样称赞他：“魏文之才，洋洋清绮，旧谈抑之，谓去植千里。然子建思捷而才俊，诗丽而表逸；子桓虑详而力援，故不竞于先鸣；而乐府清越，《典论》辩要，迭用短长，亦无懵焉。但俗情抑扬，雷同一响，遂令文帝以位尊减才，思王以势窘益价，未为笃论也。”

他写思妇念离人，也细腻婉约。

燕歌行

别日何易会日难，山川悠远路漫漫。

郁陶思君未敢言，寄声浮云往不还。

涕零雨面毁形颜，谁能怀忧独不叹。

展诗清歌聊自宽，乐往哀来摧肺肝。

耿耿伏枕不能眠，披衣出户步东西。
仰看星月观云间，飞鸧晨鸣声可怜，
留连顾怀不能存。

“郁陶思君未敢言”“涕零雨面毁形颜”等，无一不衬托出思妇的忧愁和伤怀，而第七句的“展诗清歌聊自宽”，思苦歌伤，和上一首的“援琴鸣弦发清商，短歌微吟不能长”有异曲同工之妙，清商之琴音凄苦不堪，无丝竹相伴的清唱也格外凄冷。

这首《燕歌行》也被称作七言诗之鼻祖，而曹丕本人也确实当得起“天资文藻，下笔成章”的赞美。

他并不是没有细腻的感情，只看谁能触及他内心的这一抹细腻。显然，甄宓不是这个人。她实在是太柔顺了，柔顺到曹丕开始觉得无趣。

正值人生巅峰又渴望情趣的曹丕，并不是甄宓可以轻松驾驭的。

而此时，一个更美丽、更年轻的女子出现了，这就是后来的文德郭皇后——郭照，郭女王。

在热播剧《大军师司马懿之军师联盟》中的郭照，天真烂漫，善良活泼，与曹丕两情相悦，情深义重。事实如何尚不得知，但无法反驳的是，郭照一定比甄宓更适合曹丕的性情。

郭照取自女王之字，本就是一个骄傲至极的人。这一点，同曹丕惺惺相惜，而她恰到好处的骄纵活泼，也正是曹丕所需要的生活情趣。

当甄宓还幻想着用她的柔弱和无助来让曹丕回头，郭照已经悄然走进曹丕的心房。

郭照没有任何子嗣，甄宓的一双儿女却成为甄宓致命的利器。

朝堂之上风声四起，传说曹叡是不足月生下来的，而甄宓怀孕两月才与曹丕成亲。

当时曹丕因为曹植之事，备受舆论贬嘲，皆言其猜疑太重，而甄宓的直截了当，无疑拂了他的面子。甄宓似乎真的忘了，眼前的男子，不再是那个袁绍府中扶她起身的文雅少年，而是一个皇帝，手握政权的魏国开国皇帝。

帝王之怒，流血千里。曹丕愤而赐甄宓自尽。

甄宓从来不知道，当一个人被爱着的时候，她做什么都是对的；而当她被放弃、被遗弃，她做什么都是错的，连柔顺都是错的。

甚至她用款款心境写的挽留之诗《塘上行》，也是错的。

“蒲生我池中，其叶何离离”，蒲草已长满我的心池，一叶挨着一叶；“傍能行仁义，莫若妾自知”，夫君是正人君子，宽厚正义，没有人比我更清楚了；“众口铄黄金，使君生别离”，如今朝堂上流言四起，混淆是非，让你我夫妻离心；“念君去我时，独愁常苦悲”，每当我想到我们的心隔得那么远，我仿佛变成了一个失去丈夫的妇人，终日苦苦思念；“想见君颜色，感结伤心脾”，每每想到你离去时的神情，我心中便似千结难解；“念君常苦悲，夜夜不能寐”，脑海中只要浮现出你悲伤失望的面庞，我便整晚辗转反侧，难以入睡。

从甄宓的措辞中，不难看出，曹丕曾以曹叡的身世问题询问她，而甄宓必然给出了无法解释的答案。在甄宓长期的温顺下，隐藏着一颗热烈的心，她所有的热烈不仅给了夫君，也给了子女。为母则刚，没有一位母亲能忍受自己的孩子遭受这样的侮辱和质疑。

“莫以豪贤故，弃捐素所爱”，不要总觉得拥有了权势与地位，便能抛弃自己曾经的所爱；“莫以鱼肉贱，弃捐葱与薤”，不要总觉得鱼肉多了，便可以舍弃野草粗食；“莫以麻枲贱，弃捐菅与蒯”，不要总觉得麻枲多了，便可以扔掉菅草和蒯草；“出亦复苦愁，入亦复苦愁”，分久必合，合久必分；“边地多悲风，树木何翛翛”，边塞的风将树影吹拂，声声瑟瑟倍觉凄凉；“从君致独乐，延年寿千秋”，我若离去了，请君保重，务必要让自己快乐地生活下去。

读完这首《塘上行》，心情委实复杂难言。为甄宓的骄傲和决绝，也为她的狭隘和清冷。

古往今来，但凡妻子挽留丈夫、丈夫表白妻子，无一不是柔中带刚或温情缠绵。

可甄宓的这首诗，决绝中带着一股弱女子的狠劲。接连三句“莫以”，仿佛声声带着质问，分明是在指责曹丕可共患难不可共富贵，如今位高权重便忘了旧人。

这样的词句怎能不令曹丕的愤怒火上浇油?

这样一首陈情诗，分明是痛斥曹丕无情冷漠的诀别诗。

江南四大才子之一的徐祯卿读罢最后一句，拍案叫绝，直说此诗“于悲恸伤绝中另生沉致之姿，风采殊绝”。

《塘上行》的最后一句“从君致独乐，延年寿千秋”，源于甄宓颠沛流离的一生。她从知晓人事起，便生活在战乱流沛之中。她的初嫁，在父母之命媒妁之言下匆匆敲定，嫁予袁绍；第二次出嫁，不过只因为曹丕在乱军中的惊鸿一瞥。

嫁给曹丕之后，甄宓的生活并没有改善多少，曹丕跟随曹操常年征战，陪伴妻儿的时间少之又少。在此期间，甄宓本就写了不少闺怨诗，用以倾诉对丈夫的思念和愁肠百转的小埋怨，可这恰恰不为曹丕所喜。

每一位合格的帝王要想走上天下至尊的道路，都不乏冷硬决绝的心性与雄图霸业的野心。在他争权夺利、戎马征战的时候，需要一个完美的后盾，能够照料父母孩子，还能做一朵解语花。

封建王朝对于女子的要求实在太过苛刻，能熬过这些的皇后、太后，不过寥寥几个，如唐太宗的长孙皇后，皇太极的哲哲皇后。可这些所谓的大方、大气、大义的荣光背后，无一不是含着血泪的孤独。

只是甄宓忍性不够，一一将之诉诸笔端。

曹丕始终是一个合格的帝王，他不需要这些柔肠百结的倾诉，只需要后顾无忧。

这对患难夫妻之间，始终存在着难以磨合的矛盾和怨恨。

与其说两人相爱，不如说更多的是相恨。

《塘上行》写在甄宓接到曹丕赐死她的旨意之后，那是否可以揣测，这所谓的“延年寿千秋”只是甄宓满怀恨意的反话？

“我盼望你长久地、好好地活着，来深切体会失去我、失去曾经的痛苦与绝望。”

这不亚于临死之人咬牙切齿地诅咒与痛骂，只是甄宓终究选择了一种属于自己的柔顺而优雅的方式，将这恨意隐藏在赏心悦目的祝福之后。

她深信曹丕是爱她的，也只有曹丕是爱她的，她以生命作诗的反击才能真正伤害到他。

唯有千百年后的徐祯卿，在旧黄的案卷遮掩的背后，翻开陈年历史，捕捉到她悲情之下的匠心独运。

也唯有此时，甄宓才真正得到了千百年之后，属于另一个多情人的一丝怜悯。

人非草木皆有情，不如不遇倾城色。

一生才情 尽付纸上

西晋

左棻

离思赋

生蓬户之侧陋兮，不闲习于文符。不见图画之妙像兮，不闻先哲之典谟。既愚陋而寡识兮，谬忝厕于紫庐。非草苗之所处兮，恒怵惕以忧惧。怀思慕之忉怛兮，兼始终之万虑。嗟隐忧之沈积兮，独郁结而靡诉。意惨愦而无聊兮，思缠绵以增慕。夜耿耿而不寐兮，魂憧憧而至曙。风骚骚而四起兮，霜皑皑而依庭。日晻暧而无光兮，气憭栗以冽清。怀愁戚之多感兮，患涕泪之自零。

昔伯瑜之婉娈兮，每彩衣以娱亲。悼今日之乖隔兮，奄与家为参辰。岂相去之云远兮，曾不盈乎数寻。何宫禁之清切兮，欲瞻睹而莫因。仰行云以歔欷兮，涕流射而沾巾。惟屈原之哀感兮，嗟悲伤于离别。彼城阙之作诗兮，亦以日而喻月。况骨肉之相於兮，永缅邈而两绝。长含哀而抱戚兮，仰苍天而泣血。

乱曰：骨肉至亲，化为他人，永长辞兮。惨怆愁悲，梦想魂归，见所思兮。惊寤号咷，心不自聊，泣涟洏兮。援笔舒情，涕泪增零，诉斯诗兮。

三国纷争，百年战乱之后，时任相国的晋王司马炎逼迫魏元帝曹奂禅位，即位为帝，实现了父亲司马昭的野心，开创了魏晋两朝的风骨。

许多典籍上只记载司马炎“荒淫好色”，以羊拉车来随机决定临幸哪位后妃，而忽略了这位帝王的仁慈和宽厚。司马炎倡导以礼仪治国，还颁布了第一部儒家法典《泰始律》，宽待士卒，大举寒门，对魏、蜀、吴三大政权的降臣宽容以待。包括吴国末代皇帝孙皓、曹植之子曹志，都得以优待，颐养天年。我们熟知的竹林七贤之一的嵇康，是被司马炎的父亲司马昭所杀，而司马炎爱惜嵇康的才华，让他的儿子来做自己的侍卫。

这样的司马炎，对于一个人的才能是相当看重的。而他的爱才，也开启了西晋一位出色才女的悲剧。那就是左棻。

左棻是当时著名才子左思的妹妹。左思以花费一年时间撰写长文《齐都赋》而闻名天下，《晋书》中记载他：“造《齐都赋》，一年乃成。”还有王凝之大为喜爱的《招隐诗》也是他的作品，“非必丝与竹，山水有清音”，堪称佳句。

左思最著名的却不是这篇《齐都赋》，而是诞生了“洛阳纸贵”这一典故的《三都赋》。他耗费十年心血，遍察风土人情，写就《三都赋》，其文绝妙，名垂千古。

可甚少有人知道，在《三都赋》的背后，还隐藏着一位关键人物——左棻。

《左思传》中提到：“复欲赋三都，会妹棻入宫，移家京师，乃诣著作郎张载访岷邛之事……”

左思在《齐都赋》面世后，一时名声大噪，恰好他的妹妹左棻也有才华，司马炎便动了爱才之心，将左棻召入宫，立为修仪。随着左棻的入宫，左家举家搬入京城，左思开始得到了拜访著作郎张载的机会，询问四川的风土人情，开始实地游历。

可以说，如果没有左棻的入宫，左思未必有那个机会开阔眼界，成书立篇。

但这对于左棻来说，并不是一种好运气。倘使她是甄宓那种才貌双全的绝色美女，或许就能俘获司马炎的心，成为一代贤后，改变西晋的历史。可左家兄妹有个最大的弱点就是，体弱多病，且相貌丑陋。《晋书》中形容她“姿陋体羸，常居薄室”。

史书向来是最宽容，也是最刻薄的。如果你是美人，它爱你仿佛锦上添花，如果你长得有一分丑，便是左棻这样的“姿陋体羸”。

不可否认司马炎的爱才若渴，但他的荒淫好色也是实实在在的。左棻的入宫对他来说，只是娶了一位才女，而不是娶了一位后妃。作为一名宫廷女诗人，左棻的存在像是点缀他帝王威严的一个花瓶或是一个笔架，她只需要在他想要的时刻里，应制作诗，命题作文，为他的喜怒哀乐挥笔成章便可。

左棻也认命了，毕竟入宫对她来说，利大于弊，全家都能因此搬入京城，享受过去不曾有的优越待遇——她的兄长得以名传千古。

左棻本身作为一名熟读诗书的才女，眼界便与后宫那些“以色侍人”的后妃不同，她甫一入宫便知道，她所能吸引司马炎的，从来不是容貌或是身材，而是她笔下的诗、词和赋。容貌所带来的宠爱是一时的，而才华是追随她一生的。

与后宫莺莺燕燕不同，司马炎对左棻的喜爱也是货真价实的。这份喜爱无关男女之情，纯粹是他对她才华的欣赏。无论司马炎去哪里踏青休养，都要带着左棻，他爱读她的诗，称赞她“词气清华”。每回宫中恰逢大事，无论喜丧，他都会给左棻作赋的机会，“帝重棻辞藻，每有方物异宝，必诏为赋颂”，左棻也不负这份宠爱，她的辞藻华美、文辞优雅，极为符合司马炎的审美，“言及文义，辞对清华，左右侍听，莫不称美”，因而得到了不少赏赐。

所以，在司马炎当政时期，无论后宫中谁得宠、谁失宠，那都与左棻无关，除却皇后以外，便唯有这位左贵嫔最为尊贵。

左棻的心性大约同许多文人才子是一样的，在知晓司马炎爱美女的脾性之后，蕙质兰心的她就已绝了情情爱爱的小心思，将这位帝王看作自己的良师益友、唯一的读者和粉丝，司马炎的欣赏和赞美，仿佛才是她作为诗人存在的意义。

封建社会对于女诗人大多是残酷的，如唐代的李季兰、鱼玄机，无一不是命途多舛，而大半原因在于看不穿。看不穿男女情爱的薄如蝉翼，将一生的感情全部押在了恋人缥缈的承诺上，所以她们的诗大多自怨自艾。一夫多妻制下的男子，生来接受的教育便让他们习惯性地喜新厌旧、薄情寡义，不过也不乏如前文中秦嘉那般专一贴心的有情人。

而左棻不同，对于司马炎，她更多的追求在于被赞赏被认可。

先看她的《离思赋》，“生蓬户之侧陋兮，不闲习于文符。不见图画之妙像兮，不闻先哲之典谟。既愚陋而寡识兮，谬忝厕于紫庐。非草苗之所处兮，恒怵惕以忧惧。怀思慕之忉怛兮，兼始终之万虑”。

第一段便是左棻的自谦：我生在微贱贫穷之家，不曾习过公文，不曾见过先贤，不曾听过训导。如我这般丑陋又寡闻的女子，怎么有幸身在宫中侍奉帝王呢？这里不是泛泛之辈所能来的地方，我时常因此而感到忧虑和不安。

这一段明着自谦，事实上却是在捧高司马炎。

《离思赋》主要是左棻答复兄长左思所写的两首《悼离赠妹》所作。

其一

穆穆令妹，有德有言。才丽汉班，明朗楚樊。默识若记，下笔成篇。行显中闺，名播八蕃。

以兰之芳，以膏之明。永去骨肉，内充紫庭。至情至念，惟父惟兄。悲其生离，泣下交颈。

桓山之鸟，四子同巢。将飞将散，悲鸣忉忉。惟彼禽鸟，犹有号咷。况我同生，载忧载劳。

将离将别，置酒中堂。衔杯不饮，涕洟纵横。会日何短，隔日何长。仰瞻曜灵，爱此寸光。

何以为赠，勉以列图。何以为诫，申以诗书。去去在近，上下欷歔。含辞满胸，郁愤不舒。

燕燕之诗，伫立以泣。送尔涉涂，涕泗交集。云往雨绝，瞻望弗及。延伫中衢，愊忆呜咆。

既乖既离，驰情仿佛。何寝不梦，何行不想。静言永念，留形神往。优思成疚，结在精爽。

其思伊何，发言流泪。其疚伊何，寤寐惊悸。咏尔文辞，玩尔手笔。执书当面，聊以永日。

左家兄妹生于贫瘠之家，自幼感情笃深。左棻入宫后，左思时常惦记妹妹，对于两人的相貌以及司马炎的喜好，他心知肚明。身在宫外，左思除了担忧，也别无他法。但他是个聪明人，便写了这两首离思诗传入宫中。

传入宫中的诗，内容自然经过审阅，一来二去，很容易传进司马炎的耳朵里。

左思的诗也很有套路，先称赞左棻“穆穆令妹，有德有言。才丽汉班，明朗楚樊。默识若记，下笔成篇。行显中闺，名播八蕃”，他首先提到了左棻的才华，而后又说全家人对于左棻的思念之情“悲其生离，泣下交颈”，又用鸟儿做比喻“将飞将散，悲鸣忉忉”，后文再着重描写离思之意。

拿到左思的诗后，蕙质兰心的左棻立即明白了兄长的深意，当即也提笔写下了《离思赋》和《离思诗》，答复给宫外的左思。

这两首诗，自然也经过了司马炎的手，所以就有了《离思赋》开头的自谦。

不能说左棻工于心计，为了在深宫中生活得更好，她没有可以借力的容貌，便只能凭借一支超凡的笔，来维护自己的一亩三分地。即便如此，她还居于“薄室”，若不如此，她会沦落到何种地步呢？在宫中，自诩清高是活不下去的。

再看左棻的另一首《感离》：

自我去膝下，倏忽逾再期。
邈邈浸弥远，拜奉将何时。
披省所赐告，寻玩悼离词。
仿佛想容仪，欷歔不自持。
何时当奉面，娱目于书诗。
何以诉辛苦，告情于文辞。

虽然左棻在深宫的倾轧之间早已看透世事，但面对与家人生离的孤独与苦闷，终究无法释怀。她写离思时，没有寻常怨妇诗的凄苦与婉转，反而透着平静的悲哀。在夹缝中求生的本能令她变得胸怀宽广、品格不群，在她的另一首作品《啄木诗》中，她便以啄木鸟自比：

南山有鸟，自名啄木。饥则啄树，暮则巢宿。

无干於人，惟志所欲。性清者荣，性浊者辱。

一个“自”，一个“惟”，无不昭示了她内心不愿与群芳同列的清高，而换到人前，她便是“谬忝厕于紫庐”的惶恐的小姑娘。

在苦苦压抑着自己本性的同时，她必定也寂寞和无奈。

但我们读左棻的诗，从未从中体会到阴暗和埋怨，即便是《离思赋》，也是如行云流水般淡然写意。

或许，丑陋的容颜反而给了她豁达的心胸，而貌美的女子多数会更关注自己能否永葆青春、荣宠不衰。对左棻来说，爱情从来不是她的全部，夫君也不是。她更像是司马炎的臣子，目光更高也更远，只要帝王的目光看到她、重视她、需要她，她便能鞠躬尽瘁，死而后已。

公元290年，司马炎去世，痴傻的太子司马衷即位，皇后贾南风把持朝政，秽乱后宫，将司马炎的皇后杨芷活生生饿死了，更有无数大臣、嫔妃死于非命，而唯有左棻，在这样风雨飘摇的“八王之乱”中，安然度过了十年岁月，寿终正寝。

后世看左棻，总觉得她凄苦悲哀，一生困于深宫，企盼得到爱情。可再仔细琢磨她字里行间的洒脱，相比寻常女子，她已为家人谋得了最大的荣誉，且亲眷之间感情甚笃，她的作品拜帝王兼夫君所赐得以流芳百世。谈起中国古代的女诗人，总有她的一席之地。与古往今来许多命途多舛的才女相比，她算是善始善终的一个。至于爱情，有则锦上添花，无亦尚可。

—

璇玑织就玲珑心

前秦

苏蕙

璇玑图

琴清流楚激弦商秦曲发声悲摧藏音和咏思惟空堂心忧增慕怀惨伤仁

芳廊东步阶西游王姿淑窕窈伯邵南周风兴自后妃荒经离所怀叹嗟智

兰休桃林阴翳桑怀归思广河女卫郑楚樊厉节中闱淫遐旷路伤中情怀

凋翔飞燕巢双鸠土迤逶路遐志咏歌长叹不能奋飞妄清帏房君无家德

茂流泉情水激扬眷颀其人硕兴齐商双发歌我衮衣想华饰容朗镜明圣

熙长君思悲好仇旧蕤葳粲翠荣曜流华观冶容为谁感英曜珠光纷葩虞

阳愁叹发容摧伤乡悲情我感伤情徵宫羽同声相追所多思感谁为荣唐

春方殊离仁君荣身苦惟艰生患多殷忧缠情将如何钦苍穹誓终笃志贞

墙禽心滨均深身加怀忧是婴藻文繁虎龙宁自感思岑形荧城荣明庭妙

面伯改汉物日我兼思何漫漫荣曜华雕颀孜孜伤情幽未犹倾苟难闱显

殊在者之品润乎愁苦艰是丁丽状观饰容侧君在时岩在炎在不受乱华

意诚惑步育浸集悴我生何冤充颜曜绣衣梦想劳形峻慎盛戒义消作重

感故昵飘施愆殃少章时桑诗端无终始诗仁颜贞寒嗟深兴后姬源人荣

故遗亲飘生思愆精徽盛翳风比平始璇情贤丧物岁峨虑渐孽班祸谗章

新旧闻离天罪辜神恨昭感兴作苏心玑明别改知识深微至嬖女因奸臣

霜废远微地积何遐微业孟鹿丽氏诗图显行华终凋渊察大赵婕所佞贤

冰故离隔德怨因幽元倾宣鸣辞理兴义怨士容始松重远伐氏好恃凶惟

齐君殊乔贵其备旷悼思伤怀日往感年衰念是旧愆涯祸用飞辞恣害圣

洁子我木平根尝远叹永感悲思忧远劳情谁为独居经在昭燕辇极我配
志惟同谁均难苦离戚戚情哀慕岁殊叹时贱女怀叹网防青实汉骄忠英
清新衾阴匀寻辛凤知我者谁世异浮奇倾鄙贱何如罗萌青生成盈贞皇
纯贞志一专所当麟沙流颓逝异浮沉华英翳曜潜阳林西昭景薄榆桑伦
望微精感通明神龙驰若然倏逝惟时年殊白日西移光滋愚谗漫顽凶匹
谁云浮寄身轻飞昭亏不盈无倏必盛有衰无日不陂流蒙谦退休孝慈离
思辉光饬粲殊文德离忠体一违心意志殊愤激何施电疑危远家和雍飘
想群离散妾孤遗怀仪容仰俯荣华丽饰身将与谁为逝容节敦贞淑思浮
怀悲哀声殊乖分圣赀何情忧感惟哀志节上通神祇推持所贞记自恭江
所春伤应翔雁归皇辞成者作体下遗葤菲采者无差生从是敬孝为基湘
亲刚柔有女为贱人房幽处己悯微身长路悲旷感生民梁山殊塞隔河津

西晋末年，群雄逐鹿，拉开了少数民族混战的历史——五胡乱华开始了。在这个文明被践踏、文化被凌辱的年代里，却有一幅巧夺天工的《璇玑图》轰动了天下，它的作者便是魏晋三大才女之一的苏蕙。

洪亮主编《璇玑辞》中说："当时南方因天时地利，才子才女多如过江之鲫，然而北国仅以一个才貌俱佳的苏蕙，就足以使他们黯然失色，真可谓是月明中天，群星失灿。”

据《晋书·列女传》记载：“窦滔妻苏氏，始平人也。名蕙，字若兰，善属文。滔，苻坚时为秦州刺史，被徙流沙。苏氏思之，织锦为回文旋图诗以赠滔，宛转循环以读之，词甚凄婉。”

古时甘肃多出才女，同徐淑一样，苏蕙也是甘肃姑娘。据传清代诗人杨蓉裳到甘肃天水的织锦台吊唁时还曾写了一副对联：“莺花古巷秦州陌，云是苏娘旧时宅。”

苏家有女苏若兰，从小便因才貌双全而远近闻名。苏蕙才到及笄之年，便有许多人家上门提亲，其中不乏苏家父母认可的人选，苏蕙却说这些人“皆属庸碌之辈”，不愿许嫁。

苏蕙的亲事一直是父亲——时任陈留县令的苏道质的心病。等苏蕙到了十六岁还未定亲，在同龄少女中已属罕见，苏道质为了开解苏蕙，带她前往阿育王寺散心，在这里，她遇见了窦滔。

阿育王寺中，窦滔白衣怒马，手执长剑，在落英缤纷之间舞剑捉鱼。

武则天在为《璇玑图》作序时这样描述窦滔：“滔字连波，右将军于真之孙，朗之第二子也。风神秀伟，该通经史，允文允武，时论尚之。”

一个英俊勇武的少年是极有魅力的，尤其是还带着一点孩子气的英俊少年，在春日花间，更为灼灼动人。

苏蕙一眼便看中了窦滔。

苏道质如释重负，且窦滔少年英才，两家的婚事水到渠成。

窦滔确实很有才能，一路升迁到秦州刺史。后来，苻坚起义，占领秦州，因为欣赏窦滔而继续让他担任秦州刺史的职位。但窦滔年少气盛，苻坚又是强占的秦州，他虽依附，却始终心怀不忿。时日旷久之下，苻坚岂能感受不到窦滔对他的轻视和不敬？一怒之下将窦滔发配沙州并抄没家产。

沙州便是如今的敦煌，飞沙走石，荒漠无边，这对于从小顺风顺水长大的窦滔来说，确实是一个磨砺心性的地方。

可苏蕙便觉得苦了。

窦滔一去七年，别人的七年之痒皆是因男女之情，而在苏蕙身上，却是因为牢狱之灾。

苏蕙一腔思念之情无从寄托，只能将满腹才情付于纸上。

她以玲珑之心巧思妙想，写出了一首排列诡谲的《苏氏蕙若兰织锦回文璇玑图》，纵十四行，横八行：

去日深山当量妻夫归早咐真思又

公雀同初叫寡思回妇嘱不身情贵

阳婆结夫配早织垂时恩上何米语

侣发年夫与锦归去双少深柴夫谁

好伴奴迈回要凄可寒泪中久料我

岂赦寻文身孤本衣怜家上至别月

早知朝能受靠野归想天今枕日离

子天冷淡尚鹤谁更不久地同鸯鸳

苏蕙将这首诗在秦州传播开来，起初无人能解，后来有人着意推敲，从第一行“夫”字开始，向右下方斜着念，再按网状顺序转念下去，一左一右，一上一下，至第一行“妻”字止，才从这首回文诗中找出了一首七言诗：

夫妇恩深久别离，鸳鸯枕上泪双垂。
思量当初结发好，岂知冷淡受孤凄。
去时嘱咐真情语，谁料至今久不归。
本要与夫同日去，公婆年迈身靠谁？
更想家中柴米贵，又思身上少寒衣。
野鹤尚能寻伴侣，阳雀深山叫早归。
可怜天地同日月，我夫何不早归回？
织锦回文朝天子，早赦奴夫配寡妻。

——夫妻情深之时便分离，日日夜夜思念的泪水沾湿了枕头，想起离别时的殷殷叮嘱，如今却多年未归。可怜我的夫君还不回家，我以这回文诗上呈天子，请求赦免我的夫君。

这就是《璇玑图》的前身，也是苏蕙写回文诗的第一次尝试性作品，与《璇玑图》的精妙绝伦相比，它格调俗浅，只能依行字斜横回环吟诵，不能倒文回读，但它的凄婉无疑直接打动了苻坚这位帝王的心。

此时，因为窦滔的离开，秦州政务混乱，苻坚头痛不已。苏蕙的回文诗像是给他递了个台阶，苻坚立即以此为借口，召回窦滔。

苏蕙与窦滔终于团聚。

可惜，不是每一对夫妇都能共患难、共富贵的。司马相如终究背弃了不顾一切夜奔的卓文君，汉武帝赐死了他曾许诺以金屋藏之的陈阿娇。苏蕙的回文诗救回了窦滔，才高心傲的苏蕙心中是否会有一份微妙的施恩感不得而知，但窦滔与她渐渐离心是真的。

自沙州归来官复原职的窦滔遇见了妙龄舞姬赵阳台，一时之间对其宠爱至极。

大家不妨揣测一下，货真价实的官宦子弟窦滔一朝被发配沙州七年，却要靠妻子的回文诗才能官复原职，他心中是否也会有一种微妙的失落和尴尬？所以，在低贱到尘埃里的舞姬赵阳台面前，在这个无知少女依旧仰望着他、依赖着他的时候，他仿佛回到过去，依然是曾经那个鲜衣怒马的少年。

因为窦滔接连不断地夜不归宿，苏蕙很快知道了赵阳台的存在，她要求窦滔将赵阳台接回家中，而不是流连在外。

窦滔答应了。

苏蕙心气难平，对待赵阳台自然不会好。赵阳台以牙还牙，时常在窦滔面前说苏蕙的不是，日积月累之下，窦滔只觉得苏蕙对他挟恩以待，面目可憎。

正巧此时苻坚命窦滔镇守襄阳，官拜安南将军，窦滔二话不说，便带着赵阳台走了，苏蕙负气留下。窦滔到达襄阳后，夫妇二人竟断绝了联系。

窦滔走后，苏蕙的心慢慢沉淀下来，接受了二十多年封建礼教洗礼的苏蕙开始意识到自己违反了“夫为妻纲”的标准规范，对窦滔的思念也像是野草一般疯长。

于是，苏蕙重新拾起她在回文诗上的天赋，将懊悔和思念倾注于其中，旷古绝今的《璇玑图》由此而诞生。

《璇玑图》共有八百四十一个字，苏蕙所作八百四十个字，中间一个“心”字是后人所加，武则天曾潜心研究，读出了其中的二百余首好诗。宋代高僧起宗，将《璇玑图》分解成十图，解读出三千七百五十二首诗。最后，康万民研究出了一套完整的阅读方法，分为正读、反读、起头读、逐步退一字读、倒数逐步退一字读、横读、斜读、四角读、中间辐射读、角读、相向读、相反读十二种读法，可得五言、六言、七言诗四千二百零六首。每一首诗均悱恻幽怨，一往情深，真情流露，令人为之动容。

璇玑图极其绝妙，纵横各二十九字，纵、横、斜、交互、正、反读或退一字、迭一字读均可成诗。如四角读法，以“仁”字起读，为“仁智怀德圣虞唐，贞志笃终誓穹苍。钦所感想妄淫荒，心忧增慕怀惨伤”。而原诗若以逆时针方向读则变为“伤惨怀慕增忧心，荒淫妄想感所钦，苍穹誓终笃志贞，唐虞圣德怀智仁”。

武则天称赞《璇玑图》为：“五采相宣，莹心耀目。纵横八寸，题诗二百余首，计八百余言，纵横反覆，皆为文章。其文点画无阙。才情之妙，超古迈今。”

《璇玑图》甫一流传，甚少有人能够看懂，又加之苏蕙是以回文撰写的，能读懂的人就更少了。

对此，苏蕙只是笑：“徘徊宛转，自为语言，非我家人，莫之能解。”

——这里面婉转曲折的深意，不过是我的自言自语，只有我的家人能够读懂。

这个人自然是远在襄阳的窦滔。

苏蕙将她妙手织就的《璇玑图》不远千里送去给窦滔。她的满心期盼没有被辜负，窦滔拿到织锦，再度为妻子的才华所折服，想到年少成婚时的柔情蜜意，他痛下决心，将赵阳台送走，郑重遣人将苏蕙迎回襄阳。

在这一场没有硝烟的夫君争夺战里，苏蕙凭借她的才华赢得了最后的胜利。

武则天从《璇玑图》解读出的诗中，有一首用来描写苏蕙颇为贴切：

嗟叹怀所离经，遐旷路伤中情。
家无君房帏清，华饰容朗镜明。
葩纷光珠曜英，多思感谁为荣？
周风兴自后妃，楚樊厉节中闱。
长叹不能奋飞，双发歌我衮衣。
华观冶容为谁？宫羽同声相追。

纵然苏蕙“冶容”丽色，可若无人欣赏，也不过只能独坐家中对镜垂泪。

君不见豪富王孙，货殖传中添得几行香史？停车弄故迹，问何处美人芳草，空留断井斜阳。天崖知己本难逢，最堪怜绿绮传情，白头兴怨。

我亦是倦游司马，临邛道上惹来多少闲愁？把酒倚栏干，叹当年名士风流，消尽茂林秋雨。从古文章憎命达，再休说长门卖赋，封禅遗书。

这副在四川邛崃文君井旁的对联，千百年来依旧见证着一段段传奇曲折的爱情……然而这样的爱情，千回百转，需要一个女子坚定不移地守护，以及另一个男子报以同样的深情。

卓文君等回了司马相如，苏蕙也挽回了窦滔。

但每一份有过裂缝的感情，终究不可能恢复原样。有一人永远记得背叛，有一人永远记得原谅。

一只春鸟闺阁娇

南朝

刘令娴

答外诗

花庭丽景斜，兰牖轻风度。
落日更新妆，开帘对春树。
鸣鹂叶中响，戏蝶花间骛。
调瑟本要欢，心愁不成趣。
良会诚非远，佳期今不遇。
欲知幽怨多，春闺深且暮。

说到中国古代的女诗人，很少有人会提及刘令娴。

乱世出英雄，魏晋南北朝这个时代给我们留下太多太多的风流人物，“五胡乱华”“八王之乱”的连绵战争不仅锻造出英雄，也沉淀出许多才子才女。在南朝短暂的平静中，便诞生了刘令娴这样不拘一格的女诗人。

刘令娴出生于南朝，生长在官宦之家，兄长是当时的神童刘孝绰。

细说起来，刘令娴与琅琊王家还是亲眷关系。刘孝绰的舅舅是当时的太子舍人王融，王融为东晋开国丞相王导的六世孙，是“竟陵八友”之一，谢朓也名列其中。王融对刘孝绰的评价极高，夸赞他“天下文章，若无我，当归阿士”。“阿士”是刘孝绰的昵称，他“幼聪敏，七岁能属文”，但为人骄纵自满，对待朋友亦如此。《嘉话录》中说他“与到洽友善，同侍东宫。孝绰自以才优于洽，每于宴坐，嗤鄙其文”，就是说刘孝绰有个朋友名叫到洽，与他一同在东宫任职，刘孝绰自以为比到洽有才华，每次宴会上现场作诗，他都要嘲笑到洽的作品。

刘孝绰恃才傲物，却也有这个资本，琅琊王氏是号称“王与马，共天下”的家族，而王融是这一代王家子弟中的佼佼者，是王氏集家族之力精心教养出的掌权人，他能称刘孝绰仅次于他，已经是一种极高的评价。只可惜，刘孝绰的品行没有和他的才华成正比，除了自大自满以外，他到任地方官却只带着小妾上任，将母亲丢在家乡，这在注重孝道的封建社会，足以称得上是不孝。

刘令娴是刘孝绰的第三个妹妹，因此也被叫作刘三娘。她的大姐嫁入琅琊王家，被称作刘大娘，当时也有文集流传，二姐嫁到吴郡，亦有才女之名，刘令娴的名声是三姐妹之中最响亮的。刘孝绰后来因为不孝而被罢官，归家后在门前题诗说：“闭门罢庆吊，高卧谢公卿。”意思是说他已经被罢官，如今在家中闭门谢客，语气中不乏心灰意懒。刘令娴看到后，便为兄长续写了一句：“落花扫仍合，聚兰摘复生。”掉落的花瓣扫到一起仍能聚合，摘下来的兰花还能栩栩如生，鼓励兄长不要自弃自馁，一时传为美谈。

刘令娴的小日子过得很舒坦，在家她是颇有才名的小妹，出嫁后夫君徐悱亦是官宦子弟，因而她即便是写闺怨，也透着清丽活泼。

徐悱在外地任职，刘令娴的诗作便多以闺怨为主，最广为流传的便是《答外诗》。外即外子，从标题便可看出这是一首答复徐悱的诗作。

“花庭丽景斜，兰牖轻风度。落日更新妆，开帘对春树。鸣鹂叶中响，戏蝶花间骛”，前三句描写春日里亮丽的风景，庭院中花团锦簇，兰花盛开，颇有种“两个黄鹂鸣翠柳”的欢快。

“调瑟本要欢，心愁不成趣。良会诚非远，佳期今不遇。欲知幽怨多，春闺深且暮”，后三句笔锋一转，原本心情愉快地想要抚琴，却因思念而失去了兴致，本以为相聚不会遥远，但团聚的佳期迟迟未到，每天独自守在闺房中，怎能不生幽怨？

最后一句说是闺怨，却带着十足的娇嗔，类似的还有她的《听百舌》：

庭树旦新晴，临镜出雕楹。
风吹桃李气，过传春鸟声。
净写出阳笛，全作洛滨笙。
注意欢留听，误令妆不成。

刘令娴的这首诗同样是开篇便写妙丽景色，后面再写幽幽嗔怨，分明是小儿女感情深厚的写照。正因为刘令娴的诗作中充满闺房之乐的娇嗔，在当时的封建社会，也受到了许多文人雅士的轻蔑和斥责。

为她招来祸端的是她的另一首代表作《光宅寺》：“长廊欣目送，广殿悦逢迎。何当曲房里，幽隐无人声。”

这是一首仅仅四句的短诗，初读有曲径通幽的雅意，再细读便能引申出许多不言而喻的深意。

——在长廊上欣欣然目光相送，在大殿上悦悦然起身相迎，悄悄然回到房间里，一时间幽幽然寂静无声。

题为《光宅寺》，说明诗中的场景发生在寺庙中。这让我想起了辩机与高阳公主，在长廊上目光缠绵，在大殿上一起一拜错身而过，若无其事的表面下暗潮汹涌，在厢房中化为无穷无尽的情意。

正是这一句“何当曲房里，幽隐无人声”令人浮想联翩、褒贬不一，更何况刘令娴还是一个已经嫁作人妇、丈夫外任的妙龄女子。对于好事者，历来有个形容词叫作“淫者见淫”，这首《光宅寺》便被视作淫诗艳曲，在当时被称作“粉诗”。时人认定“文品如人品”，刘令娴的名声自然就不好听了。

酒品能如人品，可文品就未必了，譬如胡兰成，人品当真是个斯文败类，可写得一手华美文章，辞藻漂亮得让人望之生叹，当得起大家之评：“其人可废，其文不可废。”

可古时候不同，古人评判一个人的优劣，唯有依靠文字。

魏晋南北朝是个自由张扬的时代，吟诗作文是贵族子弟最大的爱好，谁作了什么诗，写了什么文，不消几日就能传得广为人知。钟嵘《诗品》中如此形容“至使膏腴子弟，耻文不逮，终朝点缀，分夜呻吟”，贵族子弟终日吟诗作对，以不通文学为耻。任何事物，一旦过于泛滥，就容易泛泛其谈，当时的作品大多是应制诗，或是华丽的辞藻堆砌，刘令娴的诗作则清新脱俗，又带着一股粉红色的气息，瞬间就吸引了大多数人的目光。这一首《光宅寺》还被收入至当时被看作权威诗集的《玉台新咏》，足见流传之广。

刘令娴并没有被旁人的目光所影响，反而越挫越勇，写出了一首更为离经叛道的作品——《摘同心支子赠谢娘，因附此诗》，这首诗同样是极短的四句：“两叶虽为赠，交情永未因。同心处何限，支子最关人。”

“支子”在诗作中大多用于恋人之间的暗称，同“莲子”有异曲同工之妙。若这首诗是刘令娴写给夫君徐悱的，那无可厚非，可看标题，这分明是赠予“谢娘”的，这就值得玩味了。

魏晋南北朝时期，不乏同性相恋的故事。但社会对于女子的评判是与男子不同的，刘令娴此诗一出，仿佛是对世俗先前抨击她的反抗，她好像傲娇地在表示：你们都说我写艳诗，我就写一首更离谱的艳诗给你们瞧瞧！

这不仅仅是对当时轻视她的人的反抗，对后世迂腐的男诗人，同样是一种讽刺。唐代诗人高仲武便评论这首诗说：“形质既雌，词意亦荡。”意思是说刘令娴的人同诗一样低俗放浪，清代诗人王士禛则将徐家也连坐了："勉名臣，悱名士，得此才女，抑不幸耶！"公公徐勉是名臣，丈夫徐悱是名士，徐家娶了这样的才女，真是家门不幸！

倘使这两位生在南朝，想必刘大才女还能再作一首佳作，与他们斗一斗文采。

这不禁令人觉得刘令娴是个妙人，好在上天对这个妙人也十分宽待。丈夫徐悱始终对妻子宠溺包容，在此之后，两人还多有诗文往来。徐悱写了多首《赠内》用以呼应，其中一首是这样的：

日暮想青阳，蹑履出椒房。网虫生锦荐，游尘掩玉床。不见可怜影，空馀黼帐香。

彼美情多乐，挟瑟坐高堂。岂忘离忧者？向隅心独伤。聊因一书札，以代九回肠。

徐悱的开篇写了他想象中的刘令娴，孤身在玉床前徘徊，连"影"都是"可怜"的。

"可怜"二字，足以看出他对刘令娴的怜爱，这份情意丝毫没有受外界风言风语的影响。恐怕徐悱自己也知道，这些过度解读刘令娴诗作的贵族子弟不过都是一些游手好闲的好事者罢了，唯恐天下不乱。夫妻之间的信任，难道还抵不过外人的三言两语吗？

从刘令娴的诗作中能侧面反映出来，徐悱与刘令娴的感情始终很好。所谓“粉诗”中还充满着一种少女感的俏丽，这是生活艰难的人所不会具有的。只有始终被宠爱、包容的人，才会在岁月流逝中依然保有一份可贵的天真烂漫。

徐悱死后，刘令娴非常悲伤，在他下葬时哀哀地写了一篇祭夫文。

维梁大同五年，新妇谨荐少牢于徐府君之灵曰：

惟君德爰礼智，才兼文雅，学比山成，辨同河泻。明经擢秀，光朝振野。调逸许中，声高洛下。含潘度陆，超终迈贾。二仪既肇，判合始分。简贤依德，乃隶夫君。外治徒奉，内佐无闻。幸移蓬性，颇习兰薰。式传琴瑟，相酬典坟。辅仁难验，神情易促。雹碎春红，霜凋夏绿。躬奉正衾，亲观启足。一见无期，百身何赎。呜呼哀哉！生死虽殊，情亲犹一。敢遵先好，手调姜橘。素俎空干，奠觞徒溢。昔奉齐眉，异于今日。从军暂别，且思楼中。薄游未反，尚比飞蓬。如当此诀，永痛无穷。百年何几，泉穴方同。

徐悱的离世对于刘令娴来说，是一种“永痛”，也是一种永诀。

“生死虽殊，情亲犹一”，虽生死殊途，但我心如一。

“昔奉齐眉，异于今日”，曾举案齐眉，今不复存在。

最末一句“如当此诀，永痛无穷。百年何几，泉穴方同”，读来令人痛心不已。

《艺文类聚》中提起刘令娴的这篇祭夫文，只说“令名士搁笔”。这对于刘令娴的才华已是最高的评价。

这世间的褒或贬，刘令娴自始至终不曾在意，而她唯一在意的，也已永诀。她像是拂过南朝的一阵春风，过处百花开，烂漫无人及，待到凋零时，亦悄无声息。

一

怎教红粉不成灰

唐

薛涛

谒巫山庙

乱猿啼处访高唐，路入烟霞草木香。
山色未能忘宋玉，水声犹似哭襄王。
朝朝暮暮阳台下，为雨为云楚国亡。
惆怅庙前无限柳，春来空斗画眉长。

梧桐树下，凤凰于飞。

一中年儒生正在树下纳凉，树冠既大且密，他忽有所感，说道：“庭除一古桐，耸干入云中。”不远处院中，一女童正踩着落下的树叶玩耍，闻言当即接了下去：“枝迎南北鸟，叶送往来风。”儒生听后，不仅没有感到欣喜，反而十分忧虑。

这对父女便是京都小吏薛郧和他的女儿薛涛。

——树枝树叶迎来送往，每天有不同的鸟儿停歇，亦有不同方向的风卷过，何曾有一日是一样的呢？

对于薛涛一个稚龄女童而言，作出这样的诗并非好兆头。

果然不久后，盛唐走向衰败的开端——“安史之乱”开始了，薛郧因为为人正直，得罪了权贵而遭贬谪至四川成都，薛涛一家从长安跋涉至成都，生活一落千丈。几年后，薛郧出使南诏而染上瘴疠因病去世，只留下薛涛母女相依为命。

古时的成都与都城长安相比，仍属蛮荒之地，陆游在《入蜀记》中这样形容四川：“抛大江，遇一木筏，广十余丈，长五十余丈。”

那时候的四川事实上是许多少数民族群居的地方，而繁华的长安城，则是风吹过的地方都带着人情世故的气息。

原本便水土不服，薛郧又猝然去世，失去了大树庇荫的薛涛母女陷入了窘境。年仅十六岁的薛涛迫不得已加入了乐籍，成为一名乐伎。

从官家之女到没入乐籍，不仅仅是生活条件的改变，更是身份上的云泥之别。

盛唐时期的乐伎虽然卖艺不卖身，但属于奴籍，社会地位极其低下，且日后脱籍也十分困难。对于女子来说，成为乐伎等于与相夫教子的正常生活彻底无缘。“通音律，善辩慧，工诗赋”的薛涛原本或许能有一门好姻缘，但一切伴随着她加入乐籍而改变了。

唐朝自上官婉儿开始，诗词大兴，唐代也是诗人数量最多，百花齐放的时代，我们耳熟能详的《唐诗三百首》便源自于此。

闲时在乐馆聚餐观赏歌舞成了诗人们最大的爱好，如薛涛这般善于赋诗且才华出众的乐伎则更受欢迎。在成都做乐伎的时候，薛涛与白居易、刘禹锡、杜牧等我们熟知的诗词大家都有所往来，以曲相和，以诗会友，薛涛的才名也由此扶摇直上，广为人知。

此时，一个彻底改变薛涛命运的人从长安路途遥遥地来到了成都——中书令韦皋出任剑南西川节度使。

在一次酒宴中，韦皋第一次见到了薛涛这名被众多诗人交口称赞的十六岁少女，她明眸皓齿，顾盼神飞，且带着初生牛犊不怕虎的勃勃生机，作起诗来也毫不扭捏，不逊男子。席间，薛涛便趁着酒兴，为韦皋作了这首《谒巫山庙》。

“乱猿啼处访高唐，路入烟霞草木香”，高唐是巫山上祭祀神仙的地方，沿着猿猴啼叫的声音踏进高唐，路两侧烟霞弥漫，草木芳香。猿啼在古代诗作中大多用以表现凄苦，如“两岸猿声啼不住，轻舟已过万重山”，薛涛首句便写了一个人迹罕至的缥缈荒凉之地。

“山色未能忘宋玉，水声犹似哭襄王”，巫山的秀丽景色依然像宋玉所描述的那样，流水潺潺，幽幽咽咽，仿佛是在为襄王哭泣；“朝朝暮暮阳台下，为雨为云楚国亡”,楚王沉浸在与巫山神女的爱情中，朝朝暮暮，日日夜夜，声色犬马，无法自拔，才导致了楚国的灭亡。宋玉写有《高唐赋》，其中巫山神女向楚王自述说：“妾在巫山之阳，高丘之阻，旦为朝云，暮为行雨。朝朝暮暮，阳台之下。”既展现了巫山变幻莫测的旖旎风光，又写出了朝云暮雨的变化多端。宋玉所侍奉的楚襄王，正是屈原不得重用而投江的那位君主，巫山泉水声声，亦在怜悯亡国之君。

“惆怅庙前无限柳，春来空斗画眉长”，如今巫山神庙前又仅剩几株柳树，春光将至，神女便是画眉梳妆，亦再无人欣赏了。

薛涛这首诗，不无对造成“安史之乱”的唐玄宗的讽刺，楚王因巫山神女而亡国，襄王因昏聩无知而遗臭万年。造成薛家贬谪至四川的“安史之乱”，正是由李隆基宠爱杨贵妃酿成的祸端。但若要捉住这首诗问她的罪，仿佛也不能，流连于烟花之地的乐伎，随手作诗写楚王与巫山神女的云雨之事，难道还要问罪吗？

说是也可，说否也可，一介小小乐伎，写谏上之言毫不逊色，韦皋读罢当即拍案叫绝。

于是，《谒巫山庙》成为薛涛向韦皋投石问路的敲门砖，她像春秋时代的文人墨客一般，用自己的才华而非美貌，寻找能够欣赏她诗作的明主。

不负所望的是，韦皋正是这个伯乐。

薛涛很快成为韦皋府中的常客，然这往来无关风月。韦皋时常让她接触一些案牍工作，薛涛机敏灵变的见解令他常有意外之喜。接触的时日越久，韦皋就对薛涛越是欣赏，这位貌美的女诗人在他心目中的地位已渐渐从一位红袖添香的乐伎变成不可或缺的门客。这时，一个奇妙而又不可思议的念头在他脑海中浮现：既然薛涛事实上变成了他的门客，那么为什么不能授予她一个官职呢?

星星之火，可以燎原，这个念头一经闪现，便一发不可收拾。韦皋行动力极强，当即书写了薛涛的种种事迹，上奏请唐德宗授薛涛以“秘书省校书郎”官衔。校书郎在唐朝的地位大约等同于现今的秘书，但唐代的“秘书”入职要求极高，非进士不得录用，薛涛不仅不是进士出身，甚至还是一个乐伎。这个“校书郎”的名分自然没有给，但韦皋对外介绍起薛涛，用的却是“女校书”的名号，开天辟地以来第一位女校书，薛涛的出现轰动一时。

“乱花渐欲迷人眼”，薛涛被捧得越来越高，行事也大胆狂傲起来。原本便与许多诗人往来的她，如今充当着韦皋的秘书，仍未有丝毫收敛。政治从来都是敏感而易变的，“安史之乱”带来的后遗症依旧存在，薛涛的毫无顾忌在偶然的机遇里触到了韦皋的禁区，韦皋很快寻到一个由头将薛涛罚往松州作为惩戒。

松州系当时四川的边陲，条件艰苦，与成都不可同日而语。薛涛在路上这样描写：

其一

闻道边城苦，今来到始知。
羞将门下曲，唱与陇头儿。
黠虏犹违命，烽烟直北愁。
却教严谴妾，不敢向松州。

其二

萤在荒芜月在天，萤飞岂到月轮边。
重光万里应相照，目断云霄信不传。
按辔岭头寒复寒，微风细雨彻心肝。
但得放儿归舍去，山水屏风永不看。

从这两首诗中，分明能读出薛涛对于前往松州的怨和恨，“却教严谴妾，不敢向松州”“但得放儿归舍去，山水屏风永不看”。“不敢向”“永不看”，充斥着属于女子的嗔怪怨怼，仿佛在痛陈负心汉的绝情。

于薛涛而言，她浑然不觉自己哪里做错了，与诗人们应酬并非一日两日之事，应酬得好了，韦皋记她一功，应酬得错了，便发配松州。

成也萧何，败也萧何，薛涛很快从虚幻的名声中清醒过来，清楚地认识到，韦皋能把她捧起来，便能把她摔下来。她努力了这么多年，以为自己摆脱了曾经卖笑的底层地位，殊不知，她依然是那个任人宰割的小小乐伎。

薛涛的骨子里充满不服输的韧劲，她不甘心就这样回归原点。在韦皋身边多年的她，很清楚韦皋感情用事的性情，想要回到成都，她只能表面服软。于是，薛涛手里那支女校书的笔再度成为她披荆斩棘的武器。

她意识到先前两首诗在语气上的生硬，于是转而放低了姿态，写了柔肠百转的《十离诗》：

其一 犬离主

驯扰朱门四五年，毛香足净主人怜。
无端咬著亲情客，不得红丝毯上眠。

其二 笔离手

越管宣毫始称情，红笺纸上撒花琼。
都缘用久锋头尽，不得羲之手里擎。

其三 马离厩

雪耳红毛浅碧蹄，追风曾到日东西。
为惊玉貌郎君坠，不得华轩更一嘶。

其四 鹦鹉离笼

陇西独自一孤身，飞去飞来上锦茵。
都缘出语无方便，不得笼中再唤人。

其五 燕离巢

出入朱门未忍抛，主人常爱语交交。
衔泥秽污珊瑚枕，不得梁间更垒巢。

其六 珠离掌

皎洁圆明内外通，清光似照水晶宫。
只缘一点玷相秽，不得终宵在掌中。

其七 鱼离池

跳跃深池四五秋，常摇朱尾弄纶钩。
无端摆断芙蓉朵，不得清波更一游。

其八 鹰离鞲

爪利如锋眼似铃，平原捉兔称高情。

无端窜向青云外，不得君王臂上擎。

其九 竹离亭

蓊郁新栽四五行，常将劲节负秋霜。

为缘春笋钻墙破，不得垂阴覆玉堂。

其十 镜离台

铸泻黄金镜始开，初生三五月裴回。

为遭无限尘蒙蔽，不得华堂上玉台。

《十离诗》中，薛涛把自己写作犬、笔、马、鹦鹉、燕、珠、鱼、鹰、竹、镜，而将韦皋比作这些事物赖以生存的事物：主、手、厩、笼、巢、掌、池、鞲等，意为韦皋是她唯一的依靠和支柱。

无论古今，奉承上司都是一项技术活。薛涛是此中高手，她言辞动人，既不过分肉麻，也不浮于表面，借助女子柔弱的优势，将楚楚可怜的一面展现得淋漓尽致。可这可怜也不是乞求，十个"不得"中亦带着不卑不亢。

韦皋收到《十离诗》后，再一次为薛涛的才华折服，她的绵里藏针让韦皋的诗人傲骨产生了共鸣。原本便爱才的韦皋起了恻隐之心，不久就将薛涛召回了成都。

经历过一次贬谪的薛涛变得更为圆滑和收敛。韦皋在任期间，她始终是他不可或缺的左膀右臂。她处事有自己的准则，"众类亦云茂，虚心宁自持"，虽是乐伎出身，却不坠青云之志。所以，韦皋之后，陆续上任的十一位剑南节度使都十分尊重薛涛，“女校书”的地位不可动摇。

元和二年，武元衡再度为薛涛奏请校书郎的职位，这一次，她如愿以偿，并且脱离乐籍，回归自由之身。

此后的两年，是薛涛人生中最春风得意的时光，因为她迎来了迟到的、久违的爱情。

元和四年，元稹以监察御史的身份奉命出使四川。

三十一岁的元稹正当盛年，起初他拜访薛涛不过是慕名而来，不料却对这名年长他十一岁的女诗人甚为心动。

两个诗人之间的相互吸引，除了出众的外表以外，还有相匹配的才情。元稹在四川停留的四个月时间里，薛涛沉浸在甜蜜的恋情里无法自拔，她遗忘了世俗的偏见，如飞蛾扑火一般全身心地投入到这段感情中，两人情诗相和，柔情蜜意。

薛涛为元稹作了《春望》：

其一

花开不同赏，花落不同悲。欲问相思处，花开花落时。

其二

揽草结同心，将以遗知音。春愁正断绝，春鸟复哀吟。

其三

风花日将老，佳期犹渺渺。不结同心人，空结同心草。

其四

那堪花满枝，翻作两相思。玉箸垂朝镜，春风知不知。

元稹便为她附诗作了《菊花》：

秋丛绕舍似陶家，遍绕篱边日渐斜。

不是花中偏爱菊，此花开尽更无花。

薛涛情意绵绵的“同心人”，含羞带怯地问一句“春风知不知”，元稹则偏爱“陶（涛）家菊”，此花之后再无花。

薛涛再度以诗作答，写出了她另一篇极负盛名的作品《池上双凫》：

双栖绿池上，朝暮共飞还。

更忆将趋日，同心莲叶间。

正当两个人仿佛水中鸳鸯一般，“同心莲叶间”的时候，元稹却接到了家中的噩耗，他的妻子韦丛去世了。

即便不舍，薛涛还是只能眼睁睁目送元稹离开四川，回到京城。遥遥车马路途，从未将薛涛对元稹的一腔深情隔开，她陆陆续续给元稹写了不少自己的诗作，等待回信成为她人生的新目标。

女人一旦陷入恋爱，便会对自己的一切精益求精、吹毛求疵。例如，我今天穿的衣服够不够美，唇膏的颜色会不会太暗等，而薛涛作为女诗人，目光则落在了写信的纸上。

当时唐朝的造纸技术已经非常发达，在世界上也是遥遥领先，可薛涛还是嫌它不够漂亮、不够细腻。于是她将市面上的麻纸买回来，将胭脂木浸泡捣成浆，加上云母粉，渗入井水，制成粉红色的纸张，裁剪成小巧的一张，印有松花纹路，专门用来誊写自己的诗作，十分赏心悦目。

于是这一张张粉色的笺纸承载着薛涛的绵绵情意，不断送往元稹手中。

后来，薛涛又陆陆续续钻研出了十种颜色的笺纸，包括深红、粉红、杏红、明黄、深青、浅青、深绿、浅绿、铜绿、浅云等，单这些颜色的名字，听来便觉得风雅至极。因为她居住在浣花溪边，旁人便将这种笺纸叫作“浣花笺”或者“薛涛笺”。

可写出“曾经沧海难为水，除却巫山不是云”的元稹，从来不是他诗中那般专情体贴的模样。他天性博爱而多情，对待每一段感情投入时热情似火，燃烧得快，冷却得也快。当薛涛还沉浸在爱情中无法自拔时，元稹已经冷静而理智地从这一段短暂的恋情中全身而退。

众所周知，元稹是《西厢记》中张生的原型，在薛涛之前，他有过初恋崔莺莺，而后是发妻韦丛，韦丛之后，才有薛涛。韦丛死后，元稹写出了“除却巫山不是云”这一深情表白，自此再也没有返回四川与薛涛见面。

可元稹是否真的做到对韦丛从一而终呢？并没有，仅仅在与薛涛分别两年后，他便纳妾安仙嫔，四年后，续娶妻子裴淑。

对元稹来说，“曾经沧海”只是一时的，“取次花丛懒回顾，半缘修道半缘君”才是他一生的真正写照。除却薛涛以外，他还有红颜知己刘采春。少年时，他有崔莺莺，成婚后他有发妻和知己，年老后，依然有娇妻美妾。年长的薛涛并不是他这一只倦鸟的归巢，乐伎的出身注定她不可能成为他的续弦，既然如此，那就让这段感情停留在最炽烈的时刻，在薛涛最渴盼的时候戛然而止。这个男人的一生有两条线索：一条是走门阀路线攀龙附凤娶贵族之妻的婚史，一条是在宦游途中与各地风流才女谈情说爱的情史。这样的路很多宦游的男人都走过，但是元稹的过人之处在于，他能令那些高贵典雅的婚礼和隐秘欢娱的情感并行不悖，他可以在彻底欢娱之后彻底放弃。所以，他终其一生都是高尚君子，而那些曾与他情深似海的女人，在短暂的欢娱之后，无一例外都在蒙羞的寂寞中度过余生。

在官场中混迹了近二十年的薛涛对元稹的渐行渐远心知肚明，只是她还试图用自己的妙笔生花去打动他、挽回他。可惜元稹不是韦皋，他比韦皋多情，也比韦皋冷漠。

薛涛怀着一颗七窍玲珑心，伴随着漫长的时光，倏然开悟。“独坐黄昏谁作伴？怎教红粉不成灰。”她卸去红装，身着道袍，自风流清丽的浣花溪边搬至幽深僻静的碧鸡坊，孤身一人居于吟诗楼。自此后，她内心再无热烈的男女之爱，唯有一腔诗情画意，她的诗风也从小儿女娇俏，变作了苍劲不老松。她晚年撰写的《洪度集》开篇第一首诗《酬人雨后玩竹》便是如此：

南天春雨时，那鉴雪霜姿。众类亦云茂，虚心能自持。
多留晋贤醉，早伴舜妃悲。晚岁君能赏，苍苍劲节奇。

她不再期盼自己成为他人的一生所爱，唯愿千百年后能有志同道合的君子欣赏她的志向与才华。故乡四川，给予了薛涛极高的评价，望江楼外江水滔滔，楼上楹联慨然：

古井冷斜阳，问几树枇杷，何处是校书门巷；

大江横曲槛，占一楼烟月，要平分工部草堂。

碧鸡坊里一住经年，直至六十五岁孤独终老，薛涛再也没有离开过空空荡荡的吟诗楼。薛涛死后，当时的剑南西川节度使段文昌为她亲手题写了墓志铭，并在她的墓碑上刻上“西川女校书薛涛洪度之墓”，为她正名。

唐朝的诗人何其多，恰如繁星当空，薛涛在盛唐的无边烟雨里占据着一席之地，于历史的大江东流中孤帆远影，与号称诗圣的杜甫平分春秋。后人提起造纸第一人是东汉蔡伦，造彩纸第一人是盛唐薛涛。“薛涛笺”在古时十大技艺中风采逼人，与之相提并论的是《南华经》、相如赋、班固文、马迁史、右军帖、少陵诗、摩诘画、屈子离骚，无一不是首屈一指的杰出成就。

在中华上下五千年的历史里，武则天的女皇帝是唯一，薛涛的女校书亦是唯一，她青史留名从来不是因为韦皋或是元稹，而是她本身的出色。

万里桥边女校书，枇杷花里闭门居。

扫眉才子于今少，管领春风总不如。

多情应怜我

晁采

子夜歌

侬既剪云鬟，郎亦分丝发。

觅向无人处，绾作同心结。

出生于江南的晁采有个极美的小字，叫作试莺。每每看到这两个字，便觉得一位清越灵慧的少女跃然纸上。

提及唐朝的时候，我们都会加一个“盛”字，盛唐。它的盛大不仅在于国运和实力，更在于人才辈出，无数才子佳人将这个灿烂而华丽的朝代装点得星光璀璨。《全唐诗》若要读完，也要花费不少时日。正是因为人杰众多，在《全唐诗》能选录十余首作品的诗人可算大家，女诗人就更为凤毛麟角。晁采便是其中一位，她的作品出现在《全唐诗》中共有二十二首之多，盛唐文学以绮丽阔大居多，晁采清新雅丽的诗文像是一阵清风扑面而来，令人耳目一新。

一日，母亲见晁采正在院中照料兰花，便随口说让她以兰花为题赋诗一首，晁采不假思索，便脱口而出：“隐于谷里，显于澧浔。贵比于白玉，重匹于黄金。既入燕姬之梦，还鸣宋玉之琴。”

晁采的小字试莺，还有一个美丽的传说。

传闻，跟随母亲居住在江南吴郡的晁采，一日偶有一位名为圆真的师太前来化缘，晁采不施粉黛，眉目如画，令这位心如止水、六根清净的修行之人亦惊叹不已，说话间，晁采声如黄莺出谷，初试啼声，所以师太化完缘后赠予了她“试莺”的小字。《情史》中描写晁采的风采写得极为动人：“尝见其夏月着单衫子，右手攀竹枝，左手持兰花扇，按膝上，注目水中游鱼，低讽竹枝小词，若黄莺学啭，真神仙中人也。”

古时，能与出家人结缘是一件善事，为出家人夸奖亦是好事。自此，晁采在吴郡声名远播，是芳邻交口称赞的好姑娘。

一家有女千家求，晁采已到了适婚年龄。在江南富庶之地，虽然晁采才貌双全，但正因为她名声太响亮，一时竟没有人家敢上门提亲。

晁采在《全唐诗》中留名，最著名的便是十八首《子夜歌》。既然没有人来提亲，那么这些《子夜歌》最后的归属是谁呢？它们被主人誊写在诗笺上，小心翼翼地传递到少年文茂的手中。

“郎骑竹马来，绕床弄青梅。”

邻家少年文茂便是晁采青梅竹马的小哥哥。

晁采的父亲长年驻扎北地，家中唯有她与母亲二人。晁采幼年便是跟随在文茂身边长大，直到男女八岁分席，年岁渐长，因男女之防，两人才渐渐分别。原本日日见面的人，突然被告知不许私下会面了，这样此地无银三百两的防备，反而捅破了窗户纸，让晁采和文茂两个懵懵懂懂的小儿女体会出男女之间的区别来。

思念让原本玩伴的情意逐步发酵。文茂也是极有才华的少年郎，他率先向晁采写了四首小诗：

一

美人心共石头坚，翘首佳期空黯然。

安得千金遗侍者，一烧鹊脑绣房前。

二

晓来扶病镜台前，无力梳头任髻偏。

消瘦浑如江上柳，东风日日起还眠。

三

旭日曈曈破晓霾，遥知妆罢下芳阶。

那能化作桐花凤，一集佳人白玉钗。

四

孤灯才灭已三更，窗雨无声鸡又鸣。

此夜相思不成梦，空怀一梦到天明。

他写了晁采在家中思念成疾的模样，写了晁采恍如日月的容貌，瞳中如旭日，妆如桐花凤，头簪白玉钗，清水出芙蓉。

晁采收到诗后，喜出望外。这世间没有哪一个女子不希望心上人赞扬自己美丽，那一人的只言片语，胜过旁人千言万语。

她自莲花池中摘下十颗青莲子回赠给文茂，并附言说："吾恋子也。"怜字音同"恋"，莲有怜爱之意，晁采借由这十颗莲子向文茂剖白了心意。

文茂回问她："何以不去心？"为什么不将苦涩的莲心去除呢？

晁采便说："正欲使君知其心苦耳。"正是想让你知道，我的思念之心便如这莲心一般苦涩。

文茂遂剥开莲子，尝其苦心，没想到，有一颗莲子从指缝间掉进了池塘里。文茂本来想下水去拾，不料恰有一只喜鹊乘风而来，恶污其上，文茂只得放弃。

过了一段时间，文茂早起，路过池塘时，见到有两朵并蒂莲盛开在水面上，灼灼其华，蔚为迤逦。文茂喜出望外，将这枝并蒂莲从池塘里移栽到自己房中，莲花盛放了许多日才慢慢凋谢，长出两个莲蓬，剖开一看，每个莲蓬里各有五颗莲子，合在一起便是十颗，十全十美。

文茂将十颗莲子送还给晁采，并讲述了并蒂莲的事。晁采喜出望外，在她看来，并蒂莲开，正是一个好兆头。于是她提笔写了一首诗给文茂：

花笺制叶寄郎边，的的寻鱼为妾传。
并蒂已看灵鹊报，倩郎早觅买花船。

——并蒂莲开正是灵鹊报喜，只盼你早日觅得花船前来迎娶我。

春去秋来，文茂每每欲来提亲，总会被晁采母亲以借口撇开话题，晁采不敢反抗母亲，只能按捺下一颗失望的心，更加小心地与文茂互通音信。

好在虽经历多次失败，文茂依然不改其志，两人陆续写了不少情诗相和。

文茂在灯下思念心上人时，含情脉脉地写：

几上金猊静不焚，匡床愁卧对斜曛。
犀梳金镜人何处，半枕兰香空绿云。

晁采则听着窗外点滴雨声，娓娓地答：

珍簟生凉夜漏余，梦中恍惚觉来初。
魂离不得空成病，面见无由浪寄书。
窗外江村钟响绝，枕边梧叶雨声疏。
此时最是思君处，肠断寒猿定不如。

文茂执笔再答：

忽见西风起洞房，卢家何处郁金香。
文君未奔先成渴，颛顼初逢已自伤。

怀梦欲寻愁落叶，忘忧将种恐飞霜。
惟应分付青天月，共听床头漏渐长。

文茂提到了勇敢夜奔的卓文君，又写到了如今两人近在咫尺却不得相见的苦闷，同看一片青天明月，共听一声更漏点滴，却隔着高墙明镜，不复团聚。

等待是一件漫长且煎熬的事，更何况这可能是一种没有结果的等待。婚姻历来是父母之命，媒妁之言，得不到父母的应许，此生此世，晁采与文茂便注定无缘。

并蒂莲开又如何？春去秋来，多少莲花开了又败，不过虚耗光阴罢了。一念至此，晁采便不再像先前那般充满期待，反而郁郁寡欢。

晁采的母亲很快察觉到女儿的变化，私下询问晁采的侍女，才知晓晁采与文茂私下的往来，想到自己先前的阻拦，不由得感叹说："才子佳人，自应有此。然古多不偶，吾今当为成之。"

古往今来，多少才子佳人两情相悦却无法善始善终，为人熟知的梁祝化蝶，擦肩而过的许穆夫人和齐桓公……晁采的母亲固然心高气傲，却绝不愿女儿步上后尘，郁郁而终。

于是，她主动放下身段，请媒人上门提亲，将晁采嫁给了文茂。

这一段佳话并未因此而终结，成亲后的晁采与文茂鹣鲽情深。因为相聚得来不易，他们便愈加珍惜当下。就像所有新婚夫妇一样，他们同样害怕离别。

男儿志在四方，文茂已成家，自然到了该立业的时刻。

次年，文茂入京参加会试，晁采虽然不舍，但依然目送丈夫离开。古时科举是寒门学子改变人生的唯一途径。文茂虽然并非出身贫苦，但比下有余，比上却不足。更何况，高中三甲是天下学子的最高憧憬，多少能者贤臣都是凭借科举一飞冲天。

送别之时，晁采便作诗相赠。青云之路并不好走，文茂离开后，晁采心有牵挂，将思念一一寄托在笔端。

春日送夫之长安

思君远别妾心愁，踏翠江边送画舟。

欲待相看迟此别，只忧红日向西流。

首句晁采便直抒胸臆，夫君即将远行，我怀着忧愁之心，在江边送别这即将远行的船只。“踏翠”“画舟”则妙笔生花，将江边景色几笔勾勒而出。“欲待相看迟此别，只忧红日向西流。”则是点睛之笔，原本想要再看你一眼，让分别来得更迟一些，却担心耽搁了行程，到了日落西山的时分，延误了出发的时间。

晁采的心思当真细腻婉转，一笔写出了古往今来分离的恋人们难言的脉脉惜别之情。

多少送别时的不舍，难以说出口，只能化为深情的一眼。

就像席慕蓉先生写《送别》，不提一个悲字，单就一句别离，便教人对这不舍感同身受。

送别

现代·席慕蓉

我并不是立意要错过 可是 我一直都在这样做

错过那花满枝桠的昨日 又要 错过今朝

今朝仍要重复那相同的别离 余生将成陌路 一去千里

在暮霭里向你深深地俯首

行行重行行，与君生别离。在晁采眷恋的目光中，文茂一去千里，赴京赶考。

古时难通音信，便是只言片语也要跨越千山万水，待晁采一片热血心肠送到京城，连墨迹也凉透了。

但这依然挡不住晁采的文思如泉涌，她陆续给文茂捎去了倾诉心声的诗作：

其一

窗前细雨日啾啾，妾在闺中独自愁。

何事玉郎久离别，忘忧总对岂忘忧。

其二

春风送雨过窗东，忽忆良人在客中。

安得妾身今似雨，也随风去与郎同。

晁采的诗风像南朝的民歌，明快又直接，读来几乎不用翻译，便能自解其中之意，但这直白的心意里又带着娓娓深意。

在晁采心中，文茂始终是那个“玉郎”“良人”，她愿自己似雾似雨似风，追随在爱人的身边。晁采最负盛名的作品十八首《子夜歌》（节选），同样诞生在此期间。

一

侬既剪云鬟，郎亦分丝发。觅向无人处，绾作同心结。

二

夜夜不成寐，拥被啼终夕。郎不信侬时，但看枕上迹。

三

何时得成匹，离恨不复牵。金针刺菡萏，夜夜得见莲。

四

相逢逐凉候，黄花忽复香。颦眉腊月露，愁杀未成霜。

五

明窗弄玉指，指甲如水晶。剪之特寄郎，聊当携手行。

六

寄语闺中娘，颜色不常好。含笑对棘实，欢娱须是枣。

七

良会终有时，劝郎莫得怒。姜蘖喂春蚕，要绵须辛苦。

八

醉梦幸逢郎，无奈乌哑哑。中山如有酒，敢借千金价。

九

信使无虚日，玉醖寄盈觥。一年一日雨，底事太多晴。

这诗中每一个“郎”字，都仿佛是晁采用吴侬软语声声轻唤。这每一句都是晁采的生活场景，从“剪云鬓”，到“弄玉指”，再到“喂春蚕”……晁采在吴郡生活的点点滴滴仿佛文茂从未离开过。

“来生何所愿，与郎为一身”，晁采的每一首诗，都只有一个主题，便是这一句话。

如果我是雾，我愿缭绕在你身边，轻呵你清俊的面庞；如果我是雨，我愿坠落在你肩头，抚平你衣上的褶皱；如果我是风，我愿吹拂过你袖管，捕捉你指尖的温度。

这同曹植《七哀诗》中的那一句“愿为西南风，长逝入君怀”有同样的妙意，只是曹植诗中的最终结局是“君怀良不开，贱妾当何依”，南风正好，却吹不去他眉眼里的那缕缕忧愁，而晁采的归宿分外美好和安宁，她的付出有回报，亦有团圆。

晁采后来千里迢迢托人送去了一双青丝白云履，寓意王母在赤水会初见穆王。文茂见到这双鞋，便记起幼时初见时那个活泼俏丽的女童，越发思念家中的晁采。

她是他衣上的丝线，带着思念，亦像他足下的鞋履，甘为泥。

晁采与文茂，如天下小儿女一般，相爱相守，知足常乐，而并蒂莲花和《子夜歌》亦流传千古。

也正是这并蒂莲开的故事，给了当时无数两心相许的恋人无限勇气。世间无难事，只怕有心人。晁采能等来文茂，那自然也有一个她，能等来另一个他。

安能辨我是雌雄

黄崇嘏

辞蜀相妻女诗

一辞拾翠碧江湄，贫守蓬茅但赋诗。
自服蓝衫居郡掾，永抛鸾镜画蛾眉。
立身卓尔青松操，挺志铿然白璧姿。
幕府若容为坦腹，愿天速变作男儿。

“我也曾赴过琼林宴，我也曾打马御街前，人人夸我潘安貌，原来纱帽罩婵娟。”

黄梅戏《女驸马》中的唱词几乎人人耳熟能详，它朗朗上口，背后也隐藏着一丝难得的辛酸。女主角冯素珍因继母不贤，被迫离家，女扮男装后考中状元，招为驸马，亦因巧于应付，化险为夷，终于与丈夫李兆廷团聚。这个戏剧化的故事并非完全虚构，冯素珍的原型是奇女子黄崇嘏。

黄崇嘏小字春桃，出生于四川蜀中，父亲为蜀中使君。承载了父母厚望的黄崇嘏从小就博学广才，不但女子应学的琴棋书画样样精通，男子惯常读的经史典籍也涉猎颇广。在她十二岁时父母相继过世后，不甘心拘泥于闺阁之中的她，男扮女装在各地游历。

在四川的游历成为黄崇嘏名扬天下的开始。

在途经四川临邛县城时，正巧城内起了大火，作为陌生人的黄崇嘏恰在此时入城，经过起火的现场。无故出现，又恰逢时机，黄崇嘏自然受到了知州周庠的怀疑，被捕入狱等待审问。

无从辩解自己清白的黄崇嘏只得在狱中发挥自己的聪明才智，作诗一首托人呈给了周庠：

偶辞幽隐在临邛，行止坚贞比涧松。
何事政清如水镜，绊他野鹤在深笼。

“偶辞幽隐在临邛，行止坚贞比涧松”，偶然离开幽居的家中来到临邛，言行举止坚贞可比涧中松柏。首句黄崇嘏便表明自己来到临邛县城只是偶然，来到此地后，她的行为和言谈都像松树一样坚贞不屈。简单的两句话，既阐明了自己出现在临邛县城的来龙去脉，又表明了自己品格的高洁。

“何事政清如水镜，绊他野鹤在深笼”，第三句，黄崇嘏则称赞了周庠，为官清廉如水镜，而后第四句才委婉地提出，自己不过是一只徘徊在世外的野鹤，何必要被关在这牢笼里呢？

黄崇嘏深谙求人之道，欲抑先扬，即便是被无辜冤枉关押在狱中，她第一个想到的也不是抱怨和愤怒，而是巧思如何脱身，心平气和地赞扬关押她的罪魁祸首——县令周庠清正廉洁，这本身便是一种难得的气度和气量。前几年出版的悬疑小说《簪中录》讲述的也是黄崇嘏因纵火案蒙不白之冤女扮男装探案历险的传奇故事。

难怪常有人说，读万卷书不如行万里路，四处游历所带来的眼界远比困囿于闺阁之中要大得多。黄崇嘏到了一地，先看其风土人情、民生政情，而后才是游山玩水，呼朋引伴。徜徉于山水之间，恍若翩然于天地之中，何等逍遥自在！也正是如此，她才会在遭遇困境时第一时间想到的是用自己的智慧和才情脱身，而不是自怨自艾、埋怨他人。

周庠确实是一位清官，且眼界、才华不俗。读罢黄崇嘏的自白之作，周庠顿时起了爱才之心，在调查清楚结果，见到面貌清秀文质彬彬的黄崇嘏后，周庠当即便邀请她留下来办事，黄崇嘏只觉经历奇妙，欣然应允。

由于黄崇嘏在面见周庠的时候自称是进士出身，加之她办事能力强且多才多艺，很快就在众多幕僚之中脱颖而出，周庠还给了她一个司户参军的八品官职。

在临邛县城的生活是黄崇嘏人生中最春风得意的时光，她极有断案天赋，在她手里破解了不少奇人奇案。她年岁愈长，便愈加不愿嫁人，见识过了更宽广的浩荡天地，哪里还愿意被拘泥在四四方方的闺秀之间呢？

黄崇嘏始终没有嫁人，在周庠眼中，他却为一位大好男儿至今未娶而感到惋惜。周庠恰好有一女，正巧已到了该许婚的年龄，谦虚文雅的黄崇嘏便成为最好的乘龙快婿人选。周庠数次暗示黄崇嘏，都被她找借口逃避了过去。最后，周庠按捺不住，主动去找黄崇嘏，提出要将女儿嫁予她。

在周庠心中，这本是一桩天造地设的喜事。他身为长官要嫁女，黄崇嘏必定会一口答应，且以周庠的情操和教养，教导出的女儿也不会落于下乘，堪配黄崇嘏。

然而周庠没有等来黄崇嘏的提亲下聘，等到的是她的辞职信和一首《辞蜀相妻女诗》。

“一辞拾翠碧江湄，贫守蓬茅但赋诗。自服蓝衫居郡掾，永抛鸾镜画蛾眉”，一朝辞别了故乡的碧江，来到这里守着贫苦的草房，自从来到临邛县城，穿上司户参军的八品蓝衫，便与过去的点翠首饰告别，守着朴素衣着过日子，满腹诗书气自华。黄崇嘏前四句便开门见山地点明了她是女子之身，过去也爱华衣美服、金珠玉饰，她本是女娇娥，不是男儿郎。

黄崇嘏的直言不讳无疑是很能博得周庠好感的。如何既向上司认错又避免责罚，是很考验人的情商以及智商的事。黄崇嘏直认事实，没有一丝一毫的狡辩和顾左右而言他，淡淡地讲述自己在临邛县城为官时的清贫安宁，除了身为女子以外，她并无任何做错的地方。

“立身卓尔青松操，挺志铿然白璧姿。幕府若容为坦腹，愿天速变作男儿”，即便是女扮男装混迹在官衙里，她也如青松与白璧一样，洁身自好，坚贞守节。若是长官坚持要招她做女婿，那么她只能祈求上天赶紧将她变作男儿身。黄崇嘏在这里引用的是王羲之“东床快婿”的典故，最后一句又带了轻快的调侃意味，不论迎接她的是怎样的世俗目光又或是周庠如何的震怒，她都会洒脱以待。

周庠接到黄崇嘏的信后，震惊之余，又为她的气度所折服。但女子不可为官是铁律，黄崇嘏既已自暴身份，周庠便不能视若无睹。于是他只能恋恋不舍地给了黄崇嘏一些银两，送她回归家乡。

黄崇嘏回到蜀中乡下后，也未再提嫁人之事，只是选了一处风景优美的地方隐居终老。

《女驸马》中，冯素珍考中状元骑马游街风光无限，也有传说黄崇嘏是历史上第一个女状元，都不可考。但黄崇嘏若真的考中状元，就不可能只在周庠一个区区知州手下做八品司户参军。更何况，黄崇嘏所生活的前蜀时期，从未有过开科考试，自然就没有考状元之说，从古至今，泱泱历史长河里七百多位状元郎中，没有黄崇嘏的名字，唯有太平天国时期的傅善祥参加女试考中状元，成为中华上下五千年唯一的女状元。

中状元的说法，只是黄崇嘏的故事流传开来后人们赋予她的美好光环。事实上，这位一生独身的明慧女子始终将世事看得清楚分明，该进之时冒险为官，该退之时毫不留恋。在周庠手下断案平冤更像是她人生的一种体验，如她游走在山水之间一般，去看“大雪满弓刀”的豪迈，去品“小桥流水人家”的细腻，去感受像男子一样行走世间的奇妙感觉，借由漫游四海而深刻地了解这个国家，去触碰它的历史、它的文化、它在山河里流淌着的血脉。

我相信有一瞬，黄崇嘏也希望自己是一个真真正正的男儿，因为只有这样，她的人生才不会被局限在伦理道德和女诫礼教之间。

黄崇嘏不是第一个女扮男装青史留名的女子，更不是最后一个，在黄崇嘏之前，还有替父从军、上阵杀敌的花木兰。

如果诗文能跨越时光，那私以为，最懂她的人一定是清代的女诗人吴藻。同样出身小富之家的吴藻不仅喜好女扮男装，电视剧里杜撰的那些逛青楼、交好友的事，她同样都做了，甚至还写了一首《金缕曲》表达自己没能身为男子的遗憾。

金缕曲

生木青莲界，自翻来几重愁案，替谁交代？愿掬银河三千丈，一洗女儿故态。收拾起断脂零黛，莫学兰台愁秋语，但大言打破乾坤隘；拔长剑，倚天外。

人间不少莺花海，尽饶他旗亭画壁，双鬟低拜。酒散歌阑仍撒手，万事总归无奈！问昔日劫灰安在？识得天之真道理，使神仙也被虚空碍；尘世事，复何怪！

“休言女子非英物，夜夜龙泉壁上鸣。”若能给一个机会，黄崇嘏也愿意如吴藻词中所写的那样，一洗小儿女姿态，收拾起断脂零黛，拔长剑，倚天外，游尽人间莺花海。

不争仍教饮恨

宋

魏

玩

菩萨蛮

溪山掩映斜阳里，楼台影动鸳鸯起。隔岸两三家，出墙红杏花。

绿杨堤下路，早晚溪边去。三见柳绵飞，离人犹未归。

提到魏玩，许多人觉得陌生，提到魏玩的夫君曾布，便会恍然大悟。

曾布曾在宋徽宗时期做过宰相，是唐宋八大家之一的曾巩的弟弟，他最大的举措便是协助王安石推行新政而后又自己推翻，最广的名声便是“私德有亏，政治无益”，事迹甚至被列入《奸臣传》。

而魏玩呢？魏玩出身诗书世家，是北宋诗论家魏泰的姐姐，才气过人，恪守伦理，得到了理学大师朱熹的高度评价：“本朝妇人能文者，惟魏夫人（魏玩）、李易安（李清照）二人而已。”

两相对比，再说到魏玩的称号——闺秀词人，想必每个人读到此处便会心一笑。

这样的夫君和妻子，实在太不相配，也不怪魏玩的代表作俱是闺怨诗了。

魏玩嫁给曾布之时，曾布仍是白条之身，此时的他埋首苦读，魏玩则明快柔婉，相处还算融洽。待到后来，曾布随着兄长曾巩高中进士，入朝为官，得到了王安石的认可，共同推行新政。曾布深得宋神宗的信任，从起居郎到知制诰，再到翰林学士兼三司使，一路平步青云，扶摇直上。

在他“春风得意马蹄疾”的时候，魏玩却被他留在江西老家，默默等待。

魏玩是个恪守伦理道德的人，曾布不开口让她随任，她便任劳任怨地在老家侍奉公婆。魏玩并不是无知的乡野村妇，她是诗书传家的大家闺秀，面对日复一日的等待和孤独，她只能把一腔心意投诸笔端。

“溪山掩映斜阳里，楼台影动鸳鸯起”，日暮斜阳照着山色溪水，溪中楼台影动鸳鸯戏水。魏玩这首《菩萨蛮》的第一句就充满生活情趣，仿佛能隔着文字看到有位少妇推开竹窗，望见屋檐下潺潺流过的溪水，山涧里鸟鸣声隐约入耳，水中鸳鸯畅然自在地游过，生机盎然。

“隔岸两三家，出墙红杏花”，隔岸人家不过两三户，零零散散，幽幽静静，亭台楼阁，临水而居，关不住满园春色，与

“一枝红杏出墙来”有异曲同工之妙，虚虚实实，妙笔生花。

“绿杨堤下路，早晚溪边去。三见柳绵飞，离人犹未归”，长堤上绿柳成荫，“早晚”则指经常，《诗词曲语辞汇释》为之释意为：“早晚，犹云随时也；日日也。”水边、柳树下，常常是古代诗文中的告别之所，魏玩这一句的意思是，她时常在与夫君告别的西边柳树下徘徊，已连续三年目送柳絮纷飞，而离人未归。

从魏玩的诗词中可以看出，曾布早期常年在外游学，夫妇二人聚少离多，自然心生怨念。但魏玩的怨尚且带着豁达的明快，毫无顾影自怜的忧郁，足以说明她才学之外，胸中自有沟壑。

被批为“私德有亏”的曾布从来不是一个良人。年少布衣时，他时常游学在外，官运亨通之后，也是时隔几年才迫于流言将魏玩接到京城。接回魏玩后，曾布依然因为公务繁忙我行我素，时常夜不归宿。魏玩因此与同期的诗人朱淑真成为好友，以诗曲相和，甚至以她当时鲁国夫人之尊，驱车前往杭州拜访尚是平民的朱淑真，在等级分明的当时，可谓寂寞至极。

其实，游学或是外任从来不是与妻子分别的必然理由，苏轼即便是被贬荒芜之地，依然带着爱妾朝云。长久的分离，从来都是感情不够深而已。

这一时期的魏玩，还只是一个语带轻愁的少妇，有一点小小的品位，有自己的交际圈子，闲时写几笔诗文排遣寂寞。

定风波

不是无心惜落花，落花无意恋春华。昨日盈盈枝上笑，谁道，今朝吹去落谁家。

把酒临风千种恨。难问，梦回云散见无涯。妙舞清歌谁是主，回顾，高城不见夕阳斜。

魏玩这首词，写的是日落时分。

夕阳洒下淡淡的余晖，白日未尽而黑夜降临。自古以来，文人墨客总是对黄昏怀有特殊的情感，“黄昏独立佛堂前，满地槐花满树蝉”是白居易笔下萧索的黄昏，“黄昏潮落南沙明，月光涵沙秋雪清”是鲍溶笔下凄清的黄昏。

现代诗人席慕蓉笔下的黄昏则充满了别样的意味：“我喜欢将暮未暮的原野，在这时候，所有的颜色都已沉静，而黑暗尚未来临，在山冈上那一丛郁绿里，还有着最后一笔激情。”

文人墨客总喜欢赋予黄昏以各种美丽的寓意，也是在一个黄昏，魏玩看见了那一轮将要沉没的红日。她惯用“夕阳”“斜阳”“落花”等词，又带着“把酒临风”“妙舞清歌”的写意自在，同上官婉儿的怨中带怜不同，魏玩更多的是怨中带解，自我排解，自我开导。吹着江边的和风，提着一壶好酒，喝一口忘记了过去，喝一口忘记了忧愁，再喝一口忘记了自己。

魏玩的适意和随性并未保持多久，随着时日渐长，新的变故发生了。

曾布为官后，在跟随王安石期间官运亨通，而他付出的代价便是充当王安石的马前卒，为变法扫清障碍。当时有位大臣韩琦，向宋神宗上奏反对王安石推行的青苗法，为王安石所知晓，王安石遂令曾布对韩琦进行反驳。曾布文采斐然，不仅针对韩琦的奏折逐字逐句反驳，还将辩驳之文复刻一万份公告天下。原本只是政见不合，未料受此奇耻大辱，韩琦一怒之下辞官还乡。类似的事例还有不少，王安石的变法推行不顺畅，曾布也因此树敌众多。

虽然变法之初，王安石得到了神宗皇帝的大力支持，但是皇帝也有皇帝的无奈。面对铺天盖地的反对和至亲太后的反驳，即便是千万人之上的皇帝，也有绷不住的时候。反对变法的人多了，宋神宗自己也开始怀疑，下诏要求臣子直言不讳。曾布从来不是一个心性坚定的人，自己上书向宋神宗列举了变法的一些弊病，原本想通过这样的方式拉近君臣之间的距离，不料被王安石知道，一怒之下直接将曾布免职。

曾布一失势，落井下石的人颇多，大臣们群起攻之，上奏说曾布“无人臣之礼”，曾布的仕途自此一落千丈。

汲汲于名利的他，并不甘心就此放弃，一直四处钻营奔波，力图重返高位。

曾布此时才将目光重新放回夫人魏玩身上，他的目标并不是魏玩本人，而是她的养女张氏。

张氏的父亲曾是曾布手下的监酒，早早便成了鳏夫。魏玩见当时年仅七岁的张氏聪慧可爱，便将其收为养女，教导她诗书礼乐。张氏长大后由曾布引荐进入宫中做女官，虽然并非帝王后妃，但因文思敏捷，深受皇帝信赖。

原本这样一个小小的宫中女官，大权在握的曾布并没有看在眼里，可如今他落魄了，这条通往帝王的捷径便成了唯一的救命稻草。已到中年的曾布依旧相貌堂堂，且才华不减，很快便把年轻的张氏笼络住了，两人隔着一道宫墙暗度陈仓。

这样荒唐的事，心思细腻的魏玩怎么可能没有发现？她明快自解的怨终于一发不可收拾，真真正正成了怨恨。

于是她笔锋骤转，词风大变：

江城子・春恨

别郎容易见郎难，几何般，懒临鸾。憔悴容仪，陡觉缕衣宽。门外红梅将谢也，谁信道、不曾看。

脱妆楼上望长安，怯轻寒，莫凭阑。嫌怕东风，吹恨上眉端。为报归期须及早，休误妾、一春闲。

这首词明明白白地吐露了她的不甘和怨愤。如果说第一句“别郎容易见郎难”还在埋怨曾布与她相聚太少，仍心存爱意的话，那么直到最后一句“为报归期须及早，休误妾、一春闲”，便只剩满腔的怨恨了。

魏玩一生没有子女，她将张氏当作亲生女儿一般养大，却未料想到自己企盼一生的夫君竟悄然与养女相恋。

可魏玩能如何呢？除了默默地恨，她信仰的伦理道德教育她“夫为妻纲”，无法反抗，只能承受。

曾布和张氏的事仿佛压垮魏玩的最后一根稻草，没过多久，魏玩便缠绵病榻，撒手人寰。

魏玩死后，张氏前来吊唁，泣不成声地写了一首悼亡诗：

香散帘幕寂，尘生翰墨闲。
空传三壶誉，无复内朝班。

自她死后，香散帘寂，墨笔闲搁，空有美誉，无复佳人。

张氏内心不无歉疚，而曾布的大业最终也未成功，他再也没能重返官场，仅仅是在被革职五年后，便郁郁而终。对于曾布这样将一生心血都倾注在名利场上的人来说，失去名利，就是失去生命。

魏玩情之所兴，诗词美誉，在李清照这颗明珠身畔依然毫不逊色。

负心薄情的曾布却只能遗臭万年，位奸臣之列。

“夫天地者，万物之逆旅；光阴者，百代之过客也。而浮生若梦，为欢几何？”夫妇二人殊途同归，名声截然不同。

如果魏玩遇到的是苏轼，那么命运大约会天翻地覆。一者快意，一者洒脱，好不相配。只是这世间从无“如果”，那便只能希冀魏玩这个闪闪发亮的灵魂能够如她的诗意一般，自在逍遥，居于流水，伴与溪风。

不与群芳同列

严蕊

卜算子

不是爱风尘，似被前缘误。花落花开自有时，总赖东君主。

去也终须去，住也如何住。若得山花插满头，莫问奴归处。

在中国古代诸多女诗人中，不乏鹤立鸡群者，许穆夫人有骨气，班昭有正气，晁采有朝气……而严蕊有着难能可贵的侠气。

严蕊出身贫寒，虽生活艰苦却不坠青云之志，从小便刻苦学习诗书礼乐，家道中落后迫于生计，她成了台州一名营妓。

南宋周密《齐东野语》卷二十曾记："天台严蕊，字幼芳，善琴弈，歌舞丝竹书画色艺冠一时。"

严蕊貌美且有才，能写诗能作曲，迎合着官员附庸风雅的喜好，所以在台州，严蕊的名声十分响亮。

宋代的营妓虽然带着妓字，但事实上与歌姬无异，营妓的作用在于朝臣官员举办宴会时作陪，并不充当妓女，甚至宋朝的法律明令禁止官员与营妓夜宿，违者受律法惩治。

是以营妓只是一种低微的职业。但纵使无须陪寝，严蕊对于在声色犬马中强颜欢笑陪酒嬉笑也十分厌倦。原本她只是生活所迫入了奴籍，如今要脱离却十分困难。

此时，台州的新任太守唐与正新官上任，宴请同僚时，邀请严蕊作陪。因为严蕊才女之名在江南无人不知，唐与正便请她在众位宾客面前即兴作诗，《齐东野语》有记：“唐与正守台日，酒边尝命赋红白桃花，即成《如梦令》。”

此时正是初春时分，宴会上曲水流觞，桃花盛放，红白掩映，绿叶点缀，望来心旷神怡。严蕊便就着这眼前美景，写下了一首《如梦令》：

道是梨花不是，道是杏花不是。
白白与红红，别是东风情味。
曾记，曾记，人在武陵微醉。

严蕊所写的，正是罕见的红白桃花，在李时珍的《本草纲目》中记载：“其花有红、紫、白、千叶、二色之殊。”

严蕊的首句便卖了个关子，仿佛是梨花——不是，仿佛是杏花——也不是，那么是什么呢？梨花洁白似雪，杏花粉红娇艳，严蕊奇思妙想，将红白桃花中白色的部分比作梨花，红色的部分比作杏花，集两花之艳，更显桃花之妙丽。

“白白与红红，别是东风情味”，施朱施粉色俱好，倾城倾国艳不同，一树花分两色，引人遐想，东风吹过，更别具情味。

“曾记，曾记，人在武陵微醉”，陶渊明在《桃花源记》中写到“缘溪行，忘路之远近。忽逢桃花林，夹岸数百步，中无杂树，芳草鲜美，落英缤纷。渔人甚异之，复前行，欲穷其林”，读到此句，读者才醒悟过来，原来严蕊写的正是桃花。

《如梦令》三十三个字，无一字提到了桃花，但每一字都别具风韵，写出了桃花的艳色、风姿与人的情怀。

人们常说“桃花运”，先秦时还有“桃之夭夭，灼灼其华”形容出嫁妇人，而到了宋朝，用桃花形容女子时，多数带了贬义，暗指青楼女子。而严蕊，说它生在桃花源中，凌驾梨花、杏花之上，不与群芳同列。所以，不难看出，严蕊在众目睽睽之下作出这样的词，是在巧妙地借咏花来剖白自己。

作为一名营妓，她正是世人眼中艳俗的桃花。但严蕊从不这样认为，她虽是桃花，却生在桃花源，心中无垢，自有清气。所谓人之品格高者，出笔必清。她也紧紧抓住了唐与正给予的机会，向他暗示了自己的请求——让她这朵本该生长在世外桃源的桃花重回净土吧。

严蕊出色的诗作让唐与正颜面大增，她写桃花时自许的气节与奇思也令唐与正惺惺相惜，赞赏不已。于是，唐与正出于爱才之心，承诺她愿在日后为她办理脱籍之事，严蕊心怀感恩，在出席唐与正的宴会时愈加尽心尽力。

但严蕊万万没想到，她的报恩之举落在旁人眼里，却是一桩桃色绯闻。其中包括理学大师朱熹。

唐与正有位至交好友名叫谢元卿，只是个白身，谢元卿听说了唐与正和严蕊的交情，便饶有兴味地提出要见严蕊一面。七夕佳节，唐与正宴请众多好友，恰好谢元卿和严蕊都在场，谢元卿有意考校严蕊的才学，便令严蕊以他的“谢”姓为韵作一首词。

觥筹交错之间，严蕊心中一首《鹊桥仙》已成。

碧梧初出，桂花才吐，池上水花微谢。穿针人在合欢楼，正月露、玉盘高泻。

蛛忙鹊懒，耕慵织倦，空做古今佳话。人间刚道隔年期，怕天上、方才隔夜。

这首词以谢元卿的“谢”字为韵，巧言描写了七夕的街会盛景，对仗工整，用词婉妙，谢元卿当即对严蕊刮目相看，用尽全部钱财买断了严蕊半年的时光。

此事和朱熹有什么关系呢？当时的朱熹任浙东提举，台州正好在他的巡视范围之内。而唐与正极力反对朱熹所倡导的儒学、道学的学说，令朱熹十分不悦，且此时的宋朝朋党斗争激烈，稍有不慎便祸从口出。

唐与正令朱熹不满已久，但唐与正为官清廉，注重实干，政绩斐然，朱熹没有惩戒他的缘由。

就在此时，严蕊和谢元卿出现了。

先前已提到，宋朝的律法规定，官员不得与营妓有宴席以外的往来。朱熹武断地判定，严蕊与唐与正来往如此密切，怎么会突然看上谢元卿这个白条之身，定然是谢元卿为唐与正打了掩护。

于是，朱熹当机立断，将谢元卿与严蕊的事移花接木安到了唐与正身上，先向皇帝上奏斥责唐与正行为不端，而后便立即逮捕了严蕊，将她押入牢中。

严蕊与唐与正的密切往来台州大小官员有目共睹，只要严蕊承认她与唐与正关系暧昧，朱熹便有了证据，唐与正势必就要受到律法的惩罚。

于是，严蕊便成了我们现代人口中的“污点证人”。

朱熹利诱过她，以脱籍为诱饵欺骗过她，严蕊不为所动。朱熹只得动用酷刑，严刑逼供。

倡导着“存天理，灭人欲”的朱熹，心如铁石，事实上，他很难去理解严蕊对于真相的坚持，更难去理解一个营妓的气节和操守。

为什么像严蕊这样低贱又贫寒的营妓，如同一棵苍劲不群的松树，宁死不屈呢？

求生难道不若求死吗？

朱熹百思不得其解。

《齐东野语》里，严蕊对这个问题做出了回答，她说：“身为贱妓，纵使与太守有染，科罪不致死。然是非真伪，岂可妄言以污士大夫。虽死不可污也！”

在严蕊心里，虽死不可污士大夫！

唐与正对她的这一份知遇之恩，令她宁可死也绝不会苟同朱熹污蔑恩人。“报君黄金台上意，提携玉龙为君死。”严蕊的气节与勇气，如同为君王奋不顾身的士兵，暗无天日的牢狱是她的战场，哪怕是死亡，她也绝不屈服。

唐与正为官多年，深知坐以待毙的道理，于是他也即刻上书宋孝宗，阐明自己的清白。

前有朱熹，后有唐与正，严蕊又宁死不招。左膀右臂打起架来，作为皇帝的宋孝宗十分头疼，宰相王淮便闻弦歌而知雅意，本着为皇帝分忧解难的初衷，对朱熹和唐与正这对斗得不可开交的上下属进行了调解。最终以“秀才争闲气”为案件下了最终结论，将朱熹调离浙东，由岳飞的儿子岳霖改任浙东提举。

岳家一门忠烈，岳飞的《满江红》流传千古，岳霖亦是热血的性情中人。岳霖到达台州的第一件事，便是释放严蕊。

在这来来往往的政局厮杀中，严蕊是唯一的牺牲品。她所经受的酷刑，不过只是“秀才争闲气”的闹剧，一个“闲”字充分表达了上位者对于蝼蚁般普通人的蔑视。她用生命捍卫的清白和原则，不过只是旁人轻描淡写的“闲气”。

严蕊心中不是不怨，亦不是不恨。朱熹的出现如同现实扇向她的一个巴掌，而岳霖对她的宽待仿佛是一颗甜枣。给一个巴掌，赏一颗甜枣，为了这份甜，她只能把先前的苦打落牙齿和血吞。

于是，在出狱之时，仍正值花季却被酷刑折磨得步履蹒跚的严蕊，在悲愤交加之中，写下了《卜算子》。

“不是爱风尘，似被前缘误”，古时形容女子沦为娼妓，通常会说流落风尘。严蕊的第一句便是申诉自己成为营妓的始末。并非我自己恋慕风尘，而是被前缘所耽误了。营妓的存在向来被视为冶叶倡条，但并非每一个营妓都心甘情愿、自甘堕落。在这个行业中，严蕊必定也遇见了许多如她一般身不由己、志向高洁的好友姐妹。她为自己，也为曾经的姐妹们鸣不平。

“花落花开自有时，总赖东君主”，这一句中的“东君主”指的是司花之神东君。花开花落都有各自的时节，这起起落落的时间，不都是由东君来决定的吗？在这一句中，严蕊吐露了生活在底层命如浮萍的感慨。对严蕊来说，她迎合唐与正，承受严刑拷打不改其志，初衷都在于摆脱这种仰人鼻息的生活，可事实上，如她这般命薄如纸的奴籍女子，是生是死，不过在上位者的一念之间，她汲汲营营这么久，只是一场空而已。

“去也终须去，住也如何住”，这一句相比上一句，严蕊便直白许多。她的意思是说，脱籍只是早晚的事，若愿放她离开，她感恩戴德，但若要她重操旧业，她也只能留在风尘苦海之中。但不论早晚，脱籍之事是她“终须”做到的，足见她意志之坚定。

“若得山花插满头，莫问奴归处”，如果有一天，她能如同普通村妇一般，以山花插满鬓发，就不必再问她前路几何了。

严蕊一意寻求解脱的心情，明明白白地呈现在岳霖面前。

她的不幸、她的牺牲，起因都源于此，都只因为她是一个低贱的营妓，旁人才敢欺侮她，轻视她，借刀杀人。

岳霖感慨不已，做主帮助她脱籍从良。

好在严蕊前半生的苦难已至此终结，后半生的幸福才在这极致的痛苦后悄然来临。

有一位赵氏宗室后裔听说了严蕊的事，仰慕她的气节，主动提出纳她为妾。这位男子丧偶多年，性情敦厚，样貌堂堂，严蕊在一番考量后答应了。

她在风尘中长袖善舞这么多年，并非情窦初开的懵懂少女，该会的手段她都会，该有的美貌与才华她早已拥有。

在牢狱中孤助无援只能任人宰割的时光告诉她，这世上能改变命运的从来只有自己，没有他人。

严蕊用尽一切抓住了她的夫君——她的救命稻草。她的丈夫喜爱她、敬重她，终身再未续弦。出身奴籍的严蕊虽然无正妻之名，却凭借正妻之实，过完了她“山花满头”的后半生。

后人写传奇，总爱将她那一句“不是爱风尘”拿出来反复咀嚼。她的故事亦被写进《二刻拍案惊奇》，名传千古，更有人点评她的一生，说——

“天占有女真奇绝，挥毫能赋谢庭雪。搽粉虞候太守筵，酒酣未必呼烛灭。

忽尔监司飞檄至，桁杨横掠头抢地。章台不犯士师条，肺石会疏刺史事。

贱质何妨轻一死，岂承浪语污君子？罪不重科两得笞，狱吏之威止是耳。

君侯能讲毋自欺，乃遣女子诬人为。虽在缧绁非其罪，尼父之语胡忘之?

君不见：贯高当时白赵王，身无完肤犹自强。今日蛾眉亦能尔，千载同闻侠骨香!

含颦带笑出狴犴，寄声合眼闭眉汉。山花满斗归去来，天潢自有梁鸿案。”

“今日蛾眉亦能尔，千载同闻侠骨香”，这一句，对严蕊已经是极高的评价。哪怕她即时即刻死在狱中，她留给后代的恐怕也是“纵死侠骨香”。身为营妓，她却能有“十步杀一人，千里不留行”的侠气，亦有“零落成泥碾作尘，只有香如故”的坚守，这副铮铮傲骨，即便如桃花般妩媚娇柔，依然能发出振聋发聩的绝笔之声。

情独钟于一人

张玉娘

山之高

山之高，月出小。月之小，何皎皎？我有所思在远道。一日不见兮，我心悄悄。

采苦采苦，于山之南。忡忡忧心，其何以堪！

汝心金石坚，我操冰雪洁。拟结百岁盟，忽成一朝别。朝云暮雨心去来，千里相思共明月。

宋代有四大女词人李清照、朱淑真、吴淑姬、张玉娘。张玉娘位列其中，世人常将她与李清照相提并论，易安居士李清照词气清华，一贞居士张玉娘亦有其神韵，她虽是闺阁少女，写词却甚少有闺阁之气，读来仿佛一卷卷古画，诗情画意浮现眼前。

譬如她的《暮春夜思》：

夜凉春寂寞，淑气浸虚堂。

花外钟初转，江南梦更长。

野禽鸣涧水，山月照罗裳。

此景谁相问，飞萤入绣床。

古往今来，咏春叹春的诗词数不胜数。“好雨知时节，当春乃发生”是杜甫笔下突如其来的春雨；“碧玉妆成一树高，万条垂下绿丝绦”是贺知章笔下新抽芽的柳枝；“天街小雨润如酥，草色遥看近却无”是韩愈笔下渐渐涨满的绿。

在张玉娘的笔下，春天又是另一种风味，她的诗总是格外婉约幽静。

诗如其人，生长在江南的张玉娘亦是极其沉静的性情。便如此诗的第一句“夜凉”“淑气”，都带着细腻的笔触。“野禽鸣涧水，山月照罗裳”，写了禽鸟在山涧中鸣叫，山月照着罗裙霓裳，月色幽幽，影淡人静。温庭筠有一句诗写的是“山月不知心底事”，与此诗有异曲同工之妙；“此景谁相问，飞萤入绣床”，更是点睛之笔，此情此景，哪堪相问？只能看到点点流萤飞入绣床，这脉脉山景安静得不忍打扰，唯独窥见星星点点的萤火闪闪，飞入绣床之中。

张玉娘的诗因情真意切，写景入微，在《诗镜》中得到了不俗的评价：“张若琼事即伤心，诗亦清婉，论其节义倍过易安。”

张玉娘的“节义”之所以“倍过易安”，无非是指李清照在赵明诚之后改嫁张汝州为人所议论，而张玉娘一生未嫁。

张玉娘的感情经历，同其他三位女词人相比，要简单得多，她一生未嫁，唯独将此生钟情付与一人。

青梅竹马，两小无猜，张玉娘自幼时起便钟情于有中表之亲的少年郎沈佺。沈佺祖上是状元出身，书香门第，张玉娘亦从小熟读诗书，两人不仅性情相投，志趣相似，更兼之从小共同长大，情谊更深。

于是，张、沈两家在两人十五岁时便定了亲，定亲后的来往就名正言顺了。张玉娘与沈佺时常互赠诗作。有一次，张玉娘绣了一首情诗在香囊上赠给沈佺。

紫香囊

珍重天孙剪紫霞，沉香羞认旧繁华。

纫兰独抱灵均操，不带春风儿女花。

张玉娘的诗描写景物总是格外动人，“天孙剪紫霞”“羞认旧繁华”，她寥寥几笔将一只普普通通的闺秀香囊描摹得生动起来。

沈佺收到香囊后，爱不释手，愈加对未婚妻的才华欣赏不已。

沈家祖上虽是状元出身，但几代以来江河日下，并没有出色的子弟支撑门面，唯有一个沈佺还未长成。

张玉娘的名声却越来越好，在江南一带广为流传。时日久了，张家便有些懊悔同沈家定亲了。明明女儿这般优秀，可以寻到一个更好的夫婿，为什么要许配给沈家这样一个没落的家族呢？

可怜天下父母心，张家父母的想法可以理解，但若悔婚则背信弃义，让人不敢苟同。

张玉娘亦是如此，她细腻敏感的心在父母的言行中察觉到了悔婚的蛛丝马迹，当即便表明了自己的立场，除了沈佺以外，她绝不嫁第二个人。甚至，她为此写了一首《双燕离》，向父母哀婉求情，剖白心意。

白杨花发春正美，黄鹄帘垂低。燕子双去复双来，将雏成旧垒。秋风忽夜起，相呼度江水。风高江浪危，拆散东西飞。红径紫陌芳情断，朱户琼窗侣梦违。憔悴卫佳人，年年愁独归。

白杨花盛开得正美，双飞燕来来回回，恩爱羡煞旁人，但忽然一夜秋风起，两只燕子相伴共渡江水，风高浪急，就此离别。从此红尘紫陌仿佛都失去了颜色，朱户琼窗也依然弥补不了悲伤的心情。从此独自憔悴，年年与愁同伴。

在张玉娘的诗中，她与沈佺便是那两只双飞燕，张家父母便是那风高浪急的江水。她写了双飞燕离别后的凄苦和守节，意在告知父母即便解除她与沈佺的婚约，她也将如那只失去伴侣的燕子一样，朝朝暮暮，岁岁年年，只念着沈佺一个人。

张玉娘的父母只得打消这个念头。为了能让女儿过上更好的生活，张家去信沈家，要求沈佺“欲为佳婿，必待乘龙”，即先考取功名，再迎娶张玉娘。

少年郎的意气和勇气让沈佺踏上了赴京赶考的旅途，离去时，张玉娘写诗以赠：

古别离

把酒上河梁，送君灞陵道。去去不复返，古道生秋草。
迢递山河长，缥缈音书杳。愁结雨冥冥，情深天浩浩。
人云松菊荒，不言桃李好。淡泊罗衣裳，容颜萎枯槁。
不见镜中人，愁向镜中老。

首句便写送别沈佺时道路边的景象，古道秋草，离人远行，让人想起儿时熟悉的歌谣——“长亭外，古道边，夕阳山外山”。张玉娘在长亭外送别沈佺，山高水长，路途遥遥，自此后书信来往都变得艰难。送别之时还下着蒙蒙细雨，仿佛是上苍也感受到了这离别时的不舍情意。相思催人老，女为悦己者容，沈佺一去，张玉娘便没了梳妆打扮的心思，穿着简单的衣裳，任凭容颜日日老去。

“昔我往矣，杨柳依依。今我来思，雨雪霏霏。”

张玉娘在此后，心情仿佛阴雨连绵的天气，再也见不到天晴的太阳。

于是，她研墨执笔，写下了《山之高》。

“山之高，月出小。月之小，何皎皎？我有所思在远道。一日不见兮，我心悄悄”，高山掩映，月如冰轮，即便是高耸的山峰衬托得月轮狭小，也遮挡不住它皎皎的月光。月色下，我所思念的人正在远方，一日不见，如隔三秋。

“采苦采苦，于山之南。忡忡忧心，其何以堪”，我在山南摘着苦草，内心却在牵挂千里之外的离人。

“汝心金石坚，我操冰雪洁。拟结百岁盟，忽成一朝别。朝云暮雨心去来，千里相思共明月”，若你心坚如磐石，然我心皑如冰雪。原以为我们能至百岁不分离，不承想一朝就天各一方。

《山之高》其实分了三章，每章都能各成一首诗。张玉娘的诗风清新仿古，很有《诗经》遗风，在宋代女词人中亦是少见。元代诗人虞集称赞说“有三百篇之风，虽《卷耳》《虫草》不能过也”“真贞女也，才女也”。

诗三百，思无邪。张玉娘的诗文在《诗经》的基础上淬炼出自己的别具匠心。

送信的路途遥远，不待收到沈佺的回应，张玉娘文思如泉涌，都随着思念之情一发不可收拾。她又写了一首《玉蝴蝶·离情》（节选），催促沈佺回信：

何时星前月下，重将清冷，细与温存。蓟燕秋劲，沈郎应未整归鞍。

数新鸿、欲传佳信，阁兔毫、难写悲酸。到黄昏，败荷疏雨，几度销魂。

她的沈郎啊，多少鸿雁传书，多少兔毫笔墨，从白日到黄昏，从黄昏至黎明，星前月下，俱是冷冷清清。

张玉娘的信写了一封又一封，她等来了沈佺高中榜眼的喜讯，却始终等不到沈佺只言片语的回信。

沈佺在京城名声大噪，他相貌出众，才思敏捷，在遇见同乡考官时，考官临时给他出了一个含有家乡地名的对子，沈佺不假思索地对出了下联，考官的上联是“筏铺铺筏下横堰”，沈佺的下联是“水车车水上寮山”。“横堰”和“寮山”都是当地的地名，对联对仗工整，言辞优美，且沈佺是临场应对，足见其才学不凡。

沈佺的出色表现令众多考官和学子都难以忘怀。

可他为什么不给张玉娘回信呢?

并非他薄情寡义，也并非他负心薄幸。

张玉娘在焦急等待中得知了答案——沈佺因伤寒而病入膏肓，且大夫断言为“积思于悒所致”。

他不是不思念心爱的姑娘，而是将这份思念深深地埋进心中。他来到京城，争天下文章之首尾，奔波无定，拼尽全力，都不过是为了让心上人能过上更好的生活。

张玉娘得知真相后，悲痛欲绝，沈佺的这份深情与相思，她绝不辜负。

于是，张玉娘当即写信送往京城，只一句话：“妾不偶于君，愿死以同穴也！”

张玉娘看似柔弱，性情却坚毅果决，她笔下所写的，从来都不止于相思之情，如《幽中胡马客》中：

慷慨激忠烈，许国一身轻。
愿系匈奴颈，狼烟夜不惊。

她恨自己不是男儿身，不能上阵杀敌。所以，她的柔情蜜意之间，从来都带着英武和坚决。

如果沈佺病逝，她将死以同穴！

张玉娘的慷慨义气和金石般的决绝心志令沈佺悲恸不已。

这一次，病重的沈佺终于给她回信：

隔水度仙妃，清绝雪争飞。娇花羞素质，秋月见寒辉。
高情春不染，心镜尘难依。何当饮云液，共跨双鸾归。

“何当饮云液，共跨双鸾归”，写的是天上神仙的生活，喝着琼浆玉露，骑着青鸾仙鸟。沈佺分明是在与张玉娘约定同生共死。

在张玉娘和沈佺本身看来，这是守节，这是大义，这是情深。然而隔着千百年的光阴，我却只为张玉娘感到悲哀。犹记得《泰坦尼克号》的末尾，杰克在海水中冻僵，他握着露丝的手说：“你该好好地活着，你应当儿孙成群，安享天年。”

最深的爱是盼望对方即便在自己离开后，依然能平安、快乐地活着，而不是要对方陪伴自己一同赴死。

又或许，张玉娘和沈佺只是莎士比亚戏剧中罗密欧与朱丽叶式的热烈相爱，你情我愿地生死相随，旁人又能如何评说呢？

在沈佺的书信送达张玉娘手上后不久，这位才华横溢的少年郎便在赶回家乡的途中永远地安睡了。他带着未曾见到恋人最后一眼的遗憾，不甘地离开了人世。

张玉娘强忍着悲痛为他写了两首《哭沈生》：

其一

中路怜长别，无因复见闻。

愿将今日意，化作阳台云。

其二

仙郎久未归，一归笑春风。

中途成永绝，翠袖染啼红。

怅恨生死别，梦魂还再逢。

宝镜照秋水，明此一寸衷。

素情无所着，怨逐双飞鸿。

“宝镜照秋水，明此一寸衷”，她的心意明镜可鉴，每一寸每一点的刻骨相思，都被生与死的界限阻隔。

从此，张玉娘形单影只，终日垂泪，她拒绝了父母为她另择佳婿的提议，只说：“妾所未亡者，为有二亲耳。”

对于疼爱女儿的张家父母来说，听到这样一句话，该有多心痛。此刻他们懊悔的种种，都汇入夜半无人时的清泪，后悔将张玉娘带进沈佺的视线，后悔让他们一起长大，后悔同意他们定亲，后悔逼迫沈佺上京赶考……

桩桩件件，皆是悔恨。

仅仅是在五年后，张玉娘便绝食而死。她最终还是违背了“为有二亲”的初衷，选择了顺从自己的心意，走上不归路。

在我看来，张玉娘是深情的、可怜的，但这是对沈佺而言；对她的一双父母而言，她又是自私的、任性的。

“妇人，从人者也，幼从父兄，嫁从夫，夫死从子。”张玉娘的守节受到了士大夫的大加赞赏，如果那时有贞节牌坊，张玉娘肯定有一座。可这多么令人心痛，能写出“愿系匈奴颈，狼烟夜不惊”这样慷慨激昂的句子的女子，最终她的人生依然困囿于礼教和节义。不知若她生在千百年后，是否还会做出同样的选择。

这世间最令人心痛悲切的当属相爱的人阴阳相隔了。苏轼与爱妻王弗阴阳相隔数十载，写下“十年生死两茫茫，不思量，自难忘”；纳兰容若痛失发妻卢氏，以“背灯和月就花阴，已是十年踪迹十年心”作奠。这“十年”，那“十年”，俱是分外难熬的时光。

在生死离别之上，唯有张爱玲写得最悲绝哀婉：“‘死生契阔，与子相悦，执子之手，与子偕老’……我看那是最悲哀的一首诗。生与死与离别，都是大事，不由我们支配的。比起外界的力量，我们人是多么小，多么小！可是我们偏要说：‘我永远和你在一起，我们一生一世都别离开。’——好像我们自己做得了主似的。”

生死从来不是谁能掌控的，一生一世的承诺也未必真的能终生不变。我不相信鬼神之说，有时候却又希望鬼神之说确实存在。就像《聊斋》当中的故事那样，即便人鬼殊途，也许还有另外的奇遇发生。那样，正值妙龄的张玉娘不必断送自己的一生，饮恨成伤。《山之高》是她最负盛名的代表作，却仿佛是她人生的反讽。山峰再高也挡不住皎皎明月，可她这一轮明月，始终没能攀过情之一字的高峰，坠落之时黯然失色。

一生唯独钟情于一人，对好命的人来说是人间天堂，对张玉娘来说，可谓绝顶的悲剧。

妙笔鸣冤定风波

吴淑姬

长相思令

烟霏霏，雪霏霏。

雪向梅花枝上堆，春从何处回！

醉眼开，睡眼开，疏影横斜安在哉？从教塞管催。

“淑姬，女流中黠慧者，有词五卷，佳处不减李易安。”

自李清照在宋代横空出世后，古往今来的诗词评论家总爱将各色才女与之作比，吴淑姬便又是其中一位。

她的命运和严蕊有些相似，家贫，貌美，有才。与严蕊沦为营妓不同，吴淑姬极早便被江南湖州的一位富家子弟强占为外室。父母双亡、无依无靠的吴淑姬只得委曲求全，潦草度日。可即便如此，她也没有得到命运之神的青睐。不久，富家子厌倦了吴淑姬，便使人诬告她与旁人通奸，吴淑姬被捕入狱。

当时担任湖州太守的是诗人王十朋。王十朋是个极有人情味儿的人，少年时便能写出“北斗城池增王气，东瓯山水发清辉”这般意气风发的诗句，后因为宋徽宗时期奸臣秦桧当道而饱受迫害，直至宋室南迁后才得以重用。浙江温州江心寺极有名的对联“云朝朝，朝朝朝，朝朝朝散；潮长长，长长长，长长长消”便是他的作品。

由于王十朋清名在外，一位敬慕吴淑姬的郡吏便悄悄将她放出来，请她到县衙大堂上作诗陈情，并直言若吴淑姬的诗能打动在场官员，他便将此事上报王十朋，由其定夺，还她清白。

吴淑姬稍一思索，便作了这首《长相思令》。

“烟霏霏，雪霏霏”，烟雾缭绕，雨雪霏霏。吴淑姬开篇便写了天气，每一首诗词作品中的天气，都是诗人内心的投射，在吴淑姬心中，天气便似冬日的雨天，雾气弥漫，不见真相，雨声沥沥，不见天日。

“雪向梅花枝上堆，春从何处回”，梅花在冬日盛开，落雪堆在树梢上，雪还未化，春天怎么会到来呢？梅花向来傲雪怒放，吴淑姬便以冬梅自拟，纵使雪压风摧，她也一心一意坚守，直待春天到来。

“醉眼开，睡眼开，疏影横斜安在哉？从教塞管催”，醉眼迷蒙中睁开眼，睡意昏沉中抬头看，那被沉沉白雪压住的梅花是否还安然盛开？纵使羌笛声声，悠悠而来，催着花落，但梅花又怎会轻易落下？在吴淑姬的诗中，这些“醉眼”“睡眼”都是旁观者的眼睛，她所经受的诬陷、冤屈便是那声声羌笛，她渴盼这些明哲保身的官僚能够清醒过来，看到她的冤屈，看看她这枝风雪中依然坚挺的寒梅。

于是，这首《长相思令》打动了现场所有人，郡吏当即将吴淑姬的案情整理出来，上报给为官清廉公正的湖州太守王十朋。

王十朋本身便经历过数十年的冤屈和迫害，一眼便看出吴淑姬是遭人陷害，但他身为父母官，不能轻易凭借臆想断案，于是，他命人查清真相，善待狱中的吴淑姬。

事情很快便水落石出，这类诬陷原本只是小事一桩，甚至只是旁人的风言风语便可作为利器杀人。只是先前吴淑姬无权无势，无可倚仗，便无人为她上心，替她申冤。

吴淑姬在狱中所作的这首《长相思令》很快便流传了出去，出狱后，一位周姓的年轻公子慕名而来，将她买下做妾。

迎春小词，以景衬情，寓意颇深。春日且至，而窗外烟雨霏霏，雪堆梅枝。吴淑姬的这首小词，同严蕊义正词严的告白书，同样铿锵有力。

除了《长相思令》之外，吴淑姬还有一首极有灵气的作品广为流传，那就是《小重山》：

谢了荼蘼春事休。无多花片子，缀枝头。
庭槐影碎被风揉。莺虽老，声尚带娇羞。
独自倚妆楼。一川烟草浪，衬云浮。
不如归去下帘钩。心儿小，难着许多愁。

首句颇有李后主“林花谢了春红，太匆匆”的意味，荼蘼在群芳中属低调的花，苏轼便曾写“荼蘼不争春，寂寞开最晚”，连荼蘼都凋谢了，春日便已到了尽头。

“花片子”是吴淑姬自创的词汇，片片花瓣，显得生动又形象，荼蘼已谢，再无花瓣点缀在枝头。

庭院中的槐树被风吹散了影子，黄莺虽然已经年迈，叫声却仍然带着娇羞。

旁人写盼归，都爱写望见归舟，如温庭筠的“过尽千帆皆不是”，柳永的“想佳人、妆楼颙望，误几回、天际识归舟”，吴淑姬见到的却是“一川烟草浪”。这个典故出自贺铸的《青玉案》“一川烟草，满城飞絮，梅子黄时雨”，用一川烟草来形容满心离思，吴淑姬在这里又创造了一个“草浪”，层层叠叠的野草被风吹拂，仿佛浅浅的波浪。这个词创造得比“花片子”更巧妙，《古今词统》中称赞她说：“竹浪、柳浪、麦浪与草浪而四”，就是说吴淑姬创作的这个“草浪”，可以与前人所创造的“竹浪、柳浪、麦浪”相媲美。

独自倚靠在妆楼上，望着眼前这景色，不如下了帘子转身回家，我的心儿那样小，看不进这许多烟愁。

吴淑姬的这首词，有一种婉转的凄清之感，她写枝头残花，却只写树下碎裂的槐树影，她写黄莺年迈，却只写它声色依然娇羞。这样的反衬写法，着实灵巧。清朝乾隆年间文人陆昶，在其所著《历朝名媛诗词》卷十一处评吴淑姬言：“笔甚轻倩，能以致胜，人云不减易安，却不及易安温雅。”

人各有才，亦命运不同。吴淑姬作为一名出身贫寒的选秀之女，能写出这样的诗作已是艰难不易，将她同书香世家出身的李清照相比，着实有些不公平。且“所写即所思”，两位女词人所经历的爱恨情仇皆不同，更无可比之处。

国仇家恨不能雪

王清惠

满江红·题南京夷山驿

太液芙蓉，浑不似、旧时颜色。曾记得，春风雨露，玉楼金阙。名播兰馨妃后里，晕潮莲脸君王侧。忽一声、鼙鼓揭天来，繁华歇。

龙虎散，风云灭。千古恨，凭谁说？对山河百二，泪盈襟血。驿馆夜惊尘土梦，宫车晓辗关山月。问姮娥、于我肯从容，同圆缺。

许多人都对《甄嬛传》中的沈眉庄万分怜惜，她清高自傲，不与群芳同列，虽无宠爱依旧不慌不躁，一心侍奉太后。看到沈眉庄的人生历程，第一个想到的便是风雨飘摇的南宋时期，孤独伫立的隆国夫人王清惠。

王清惠生于南宋，从众人知晓她时起，她便已经是宋度宗的昭仪。她是后宫中极为有名的才女，作得一手漂亮文章，抚得一手动人琴曲，却不是受宠的后妃，更没有留下子嗣，恰如一朵对影自怜的荷花，默默开着。她最好的光阴并不是用来陪伴君王，而是侍奉当时的太后谢道清。也正是谢太后，在元军攻打临安之时下旨投降，南宋王室全部沦为阶下囚。

谢太后的举动，并没有得到南宋朝廷的认可，时任宰相的文天祥反对激烈，就连王清惠身在后宫亦不能苟同。但此时的南宋已如大厦将倾，年幼的君主赵显只听从谢太后和全太后的命令，下旨不战而降。

至此，南宋朝廷名存实亡，上到太后皇帝，下到太监宫女，全部成了俘虏被押解前往大元的大都，其中，就包括昭仪王清惠。王清惠并没有随太后谢道清一起前往大都，谢太后抱恙留在临安，她只能跟随全太后和皇帝赵显一同北上。

从临安到大都，路途遥遥，风光变换。经历过战火洗礼的宋朝江山满目疮痍，王清惠再没有哪一刻更能真切地感受到，他们这一行俘虏早已是亡国之人。在途经故都汴梁时，望着物是人非的旧景新人，曾经身在华丽的后宫，如今却只能蜗居简陋的驿站，王清惠仰头看着斑驳的墙壁，提笔写下了《满江红·题南京夷山驿》。

“太液芙蓉，浑不似、旧时颜色”，太液池中的芙蓉花，早已同旧时艳丽不同。古时女子作诗，普遍使用的自喻手法，便是以花拟人。太液池则因为是皇家池园，被指代为皇宫。王清惠第一句既写了已经更替景象的皇城，亦写了不复往昔的自己。元兵入侵，汴梁作为旧都城早已被横扫一空，新都城临安也随之沦陷，宫城坍塌，狼藉遍地，唯有太液池中的芙蓉花还倔强地盛开着。这一句颇有仿白居易《长恨歌》的意味，“太液芙蓉未央柳”“芙蓉如面柳如眉”，白居易将杨贵妃比作芙蓉花，王清惠亦以芙蓉自喻。芙蓉便是荷花，亭亭净植，出淤泥而不染，王清惠此句不无壮烈决绝的自保之意。

“曾记得，春风雨露，玉楼金阙。名播兰馨妃后里，晕潮莲脸君王侧”，可曾记得，过去皇恩如春风浩荡，生活是锦衣玉食，住所是玉楼金阙，三千后宫佳丽花团锦簇，莺声燕语，欢快羞怯地陪伴在皇帝身侧。王清惠过去在宫中的生活应该十分不错，虽然她不是帝王宠爱的妃嫔，但凭借太后撑腰，她也能享受如“太液芙蓉”一般的精心呵护。

“忽一声、鼙鼓揭天来，繁华歇”，忽然有一天军鼓声从天而降，繁华安逸的生活一去不复返。王清惠对白居易十分推崇，这从她的这首《满江红·题南京夷山驿》中便可以看出来，这已经是她第二次向白居易的《长恨歌》致敬，《长恨歌》中形容“安史之乱”惊破杨贵妃的安乐生活同样用的是这样的手法，“渔阳鼙鼓动地来，惊破霓裳羽衣曲。”而在王清惠看来，这一次的“德祐之变”则更如晴天霹雳，揭天而来。

“龙虎散，风云灭”，南宋朝廷一夕溃散，恍如风卷残云。《易经》中写“云从龙，风从虎”，王清惠将风云、龙虎并在一起，写出了她心中轰然倒塌的南宋朝廷。曾几何时，她心中的家国是如龙虎一般高大的存在，如今却在元军的攻击下溃不成军，不战而降，她心中的惊与怒可想而知。

“千古恨，凭谁说？对山河百二，泪盈襟血”，国破家亡的千古之恨，王清惠一介后宫的弱质女流能与谁说？除了面对着满目疮痍的河山，含着血和泪强忍不甘，哪里还有别的办法？每一次改朝换代，在后世看来不过是历史的更迭，可对于身在局中的人来说，心中是百般痛与恨。面对元军的进攻，南宋朝廷懦弱无能，先迁都，后投降，一退再退，最终落到如此境地，当真是“千古之恨”了。

“驿馆夜惊尘土梦，宫车晓辗关山月”，成为战俘北上前往大都，途中借宿在驿站，每每午夜梦回，都是烽烟缭乱。原本该载着妃嫔们游乐赏玩的宫车，如今却要载着她们跨越千山万水，前往荒凉的边塞。长路漫漫，而这长途跋涉的终点或许迎来的将是更可怕的噩梦。

“问姮娥、于我肯从容，同圆缺”，对于汉人来说，胡人鲁莽蛮横，王清惠身为曾经的宫妃，现在的战俘，未来等待她的恐怕不会是好结果。对她来说，是忍辱负重地苟活还是力保名节地赴死，都是难题。面对未知，王清惠也只能假想，若能追随嫦娥飞升到月亮上，那么她也愿意过着“同圆缺”的生活，而不愿迎接现实。

王清惠留下这首《满江红·题南京夷山驿》后，便匆匆继续她北上的行程。

被俘的宰相文天祥听说后，为之拍案叫绝，随即附韵两首：

其一

和王夫人《满江红》韵，以庶几后山《妾薄命》之意。

燕子楼中，又捱过、几番秋色。相思处、青年如梦，乘鸾仙阙。肌玉暗消衣带缓，泪珠斜透花钿侧。最无端、蕉影上窗纱，青灯歇。

曲池合，高台灭。人间事，何堪说。向南阳阡上，满襟清血。世态便如翻覆雨，妾身元是分明月。笑乐昌、一段好风流，菱花缺。

其二

代王夫人作。

试问琵琶，胡沙外、怎生风色。最苦是、姚黄一朵，移根仙阙。王母欢阑琼宴罢，仙人泪满金盘侧。听行宫、半夜雨淋铃，声声歇。

彩云散，香尘灭。铜驼恨，那堪说。想男儿慷慨，嚼穿龈血。回首昭阳离落日，伤心铜雀迎新月。算妾身、不愿似天家，金瓯缺。

写出“人生自古谁无死，留取丹心照汗青”的文天祥，只能借王清惠的身份和口吻，道尽家国沦丧的屈辱和悲痛。“铜驼恨，那堪说”，亡国之恨，哪堪说？

也有人说文天祥这两首词是在逼迫王清惠殉身守节，但词内词外，文天祥并无咄咄逼人之意，更多的是与王清惠一样对国破家亡的痛心疾首。他恭恭敬敬地称她一声“王夫人”，设身处地地想到她如姚黄牡丹一般从繁华富贵之处移栽到蛮荒之地，只能“听行宫、半夜雨淋铃，声声歇”，境地该是何等凄苦？最后一句便是在说，不愿与投降的天家一样忍受金瓯上的残破不堪，确有守节之意，但这一句显然是对王清惠诗作中“问姮娥、于我肯从容，同圆缺”的答复。王清惠自比出淤泥而不染的荷花，她内心的答案早已不言而喻，根本无须文天祥一个外人来逼迫她殉节。

私以为，文天祥读懂了王清惠的坚毅气节，所谓附韵与代书，都是他揣摩着王清惠的所思所想而作，这是知己的惺惺相惜，而不是残忍的威逼殉道。

不久后，太后谢道清在病中也被迫启程前往大都，在驿站中见到了王清惠的诗作，同样大受触动，潸然泪下。

其实对于谢道清来说，做出投降的决定，她的内心何尝不是煎熬。千古艰难唯一死，在生与死之间，谢道清选择了保全南宋王室的血脉存活下去。从此，亡国的罪名将伴随她一生，令其遗臭万年。

亲身经历着北上的艰辛，目睹着破碎的，谢道清内心久久无法平息。她召来随侍的一众大臣，读罢王清惠的诗作，在场的所有人都忍不住悲从中来。

许多人或许无法想象，从临安北上到大都能有多艰苦？他们不是微服私访，也不是游山玩水，而是作为俘虏被押解前往，与流放几乎无异。这一切艰难困苦，都由谢道清身边的近臣汪元量记录了下来。

水龙吟·淮河舟中夜闻宫人琴声

鼓鞞惊破霓裳，海棠亭北多风雨。歌阑酒罢，玉啼金泣，此行良苦。驼背模糊，马头奁匣，朝朝暮暮。自都门燕别，龙艘锦缆，空载得、春归去。

目断东南半壁，怅长淮、已非吾土。受降城下，草如霜白，凄凉酸楚。粉阵红围，夜深人静，谁宾谁主。对渔灯一点，羁愁一搦，谱琴中语。

“驼背模糊”“东南半壁”“草如霜白”“谁宾谁主”……种种词汇，无一不道尽阶下囚的辛酸苦楚。“朱门酒肉臭，路有冻死骨。”相比千年前杜甫的悲叹，不过是无数历史的重演罢了。

汪元量是当时极有才华的才子，亦是宫中最受欢迎的琴师。

开头便说到，王清惠的人生同沈眉庄相似，如果她是眉庄的话，那汪元量便是张太医了。

汪元量出身官宦之家，年少时便因有才华、善抚琴而入宫成为天子近臣。天子年幼，汪元量事实上是谢太后的心腹。南宋朝廷还未灭亡时，汪元量不仅担任着天子老师的职务，他高超的琴艺也极受谢太后的喜爱。每每因政务烦心时，谢道清都会召来汪元量抚琴。

王清惠和汪元量同时侍奉太后，且深受宠信，接触的时日自然比旁人更久。但他们一个是后妃，一个是臣子，在谢道清的眼皮底下，不敢有任何逾矩之举。直到亡国北上，看到王清惠的这首诗，汪元量内心的惺惺相惜才终于按捺不住地汹涌起来。他当即提笔，写了一首步韵的《满江红·和王昭仪韵》：

天上人家，醉王母、蟠桃春色。被午夜、漏声催箭，晓光侵阙。花覆千官鸾阁外，香浮九鼎龙楼侧。恨黑风、吹雨湿霓裳，歌声歇。

人去后，书应绝。肠断处，心难说。更那堪杜宇，满山啼血。事去空流东汴水，愁来不见西湖月。有谁知、海上泣婵娟，菱花缺。

“人去后，书应绝。肠断处，心难说”，明明白白地写了他与王清惠分别后的心情；“事去空流东汴水，愁来不见西湖月”，则是他身为人臣，眼见山河破碎却无力挽救的悲痛。

到达大都后不久，谢太后便因病去世，全太后出家为尼，年幼的赵显被迫入藏为僧，汪元量完成了护送使命即将南归，能庇护王清惠的四顶“保护伞”俱已破灭，为此，她在万分艰难之间决绝地做了一个决定：追随全太后出家。

对于汪元量来说，这更是一种不舍和无奈。

在大都的时日虽然短暂，但他与王清惠之间近臣与宫妃的关系终于变得模糊，两人的诗作唱和也频繁许多。在王清惠留给后世仅有的五首作品中，除却《满江红·题南京夷山驿》，其他的全部奉献给了汪元量。

捣衣诗呈水云

妾命薄如叶，流离万里行。
黄尘燕塞外，愁坐听衣声。

秋夜寄水月水云二昆玉

万里倦行役，秋来瘦几分。
因看河北月，忽忆海东云。

李陵台和水云韵

李陵台上望，答子五言诗。
客路八千里，乡心十二时。
孟劳欣已税，区脱未相离。
忽报江南使，新来贡荔枝。

“水云”是汪元量的号，王清惠赠予他的诗作中，不难看出她对这份感情的小心翼翼。“妾命薄如叶，流离万里行”，短短的几年里，她在汴梁、临安、大都之间奔波，早已身心俱疲，“万里倦行役，秋来瘦几分”。王清惠对于杨贵妃应当有一种别样的欣赏或是向往，不管是她的《满江红·题南京夷山驿》还是赠予汪元量的诗作，都频繁地借喻杨贵妃以及借用白居易的《长恨歌》的典故，譬如这最后一句“忽报江南使，新来贡荔枝”。在这样国破家亡的时刻里，忽然听到江南来使，呈来新贡的荔枝，一改先前的悲戚，忽然有了些微欣欣之意。即便改朝换代，江山易主，这世间一切依然会按照它原有的规则井然有序地前行。荔枝还是会照着时节成熟，被献给新换的君王。再如何伤春悲秋，也无法改变现状，唯有适应当下，打开封闭的心境，才会发现除了悲切之外，许多事情都如燎原后的野草一般，缓缓地长出新芽，焕发新生。

身在北地，虽然不至于受到虐待，但作为俘虏，身心俱疲，王清惠的悲伤、绝望、希冀，汪元量都感同身受。他当即以诗回赠：

秋日酬王昭仪

愁到浓时酒自斟，挑灯看剑泪痕深。
黄金台愧少知己，碧玉调将空好音。
万叶秋风孤馆梦，一灯夜雨故乡心。
庭前昨夜梧桐语，劲气萧萧入短襟。

这诗作来回间，情感递进，王清惠和汪元量之间感情也逐渐加深。

可此刻，汪元量要南归了。

汪元量的南归并不是落荒而逃，相反，他受到了大元皇室极高的礼遇，时常出席各类筵席，又加之他琴艺高超，以此闻名于大都，备受推崇。汪元量并不是许多人印象中阿谀奉承、长袖善舞的太后近臣。在历史记载中，他是个相当有才华且极其风雅的抚琴大家。汪元量在大元都城大受礼遇的同时，也从未忘却身为宋人的根本。他不顾个人安危，探视关照被关押狱中的宰相文天祥，暗中结交反元义士，为他们提供便利，是个足智多谋的文人间谍。

那汪元量为什么要南归呢？主要还是因为赵显的出家。汪元量身为赵显的老师，唯一的幼主已然被迫断绝了光复帝位的可能，南宋的势力依然扎根在南方，去往南方成了汉人光复汉室的唯一希望。

大元会放汪元量南归吗？那并不是一件简单的事。

汉人崇尚儒学，而胡人是蒙古族，对汉文化的接纳不是一时片刻的事。相比儒学，胡人更为推崇道教，道士的待遇远远高于儒生的待遇。汪元量敏锐地察觉到了这一变化，立即向元帝表示自己一心向道，愿出家为道，游历天下，寄心山水，为抚琴谱曲寻找灵感。同时，表示“遗书乞骸骨，归葬越山边”，希望求得自由之身，归葬吴越。

胡人印象中，汪元量风度翩翩，琴技卓绝，本来就有超凡脱俗之感，出家为道仿佛亦是自然之举，元帝很快便应许了。

于是，滞留北地，周旋在胡人和宋室之间的汪元量终于有了南归的机会。

此时的王清惠为了自保清白，比汪元量更早地出家为尼，号为冲华。她深知自己已没有立场挽留汪元量，于是忍下了不舍与依恋，只是以知己的口吻提笔写下了一首《送水云归吴》：

序：水云留金台一纪，琴书相与无虚日，秋风天际，束书告行，此怀怆然，定知夜梦先过黄河也。一时同人以“劝君更尽一杯酒，西出阳关无故人”分韵赋诗为赠。他时海上相遇，当各说神仙人语，又岂以世间声律为拘耶。

朔风猎猎割人面，万里归人泪如霰。
江南江北路茫茫，粟酒千钟为君劝。

王清惠以“劝君更尽一杯酒，西出阳关无故人”为主题，送别汪元量时作了这首诗，她小心翼翼地收回了对于爱情的渴盼，让自己退回到了知己的位置上。

汪元量何其聪慧，国难当前，“未知身死处，何能两相完”？心中纵有千般柔情，但他与王清惠已注定此生无缘，与其悲悲戚戚，不如洒脱放手。

于是，在南宋故人的目送下，汪元量以道士之身慨然南归。南归后，汪元量依然为宋室暗中奔走，写下了许多关于民生疾苦的诗作，如“夕阳一片寒鸦外，目断东南四百州”“平芜古路人烟绝，绿树新墟鬼火明”“官吏不仁多酷虐，逃民饿死弃儿孙”等，胡人直至此刻才幡然醒悟，他们备受推崇的才子琴师，事实上根本没有认同他们，只是此时，南归的汪元量像是一滴融入大海的水珠，茫茫人海，再无踪影。

《西湖志余》记载他：“风踪云影，倏无定居，人莫测其去留之迹，遂传以为仙也，人多画像祀之。”

白衣翩翩的汪元量最终归隐钱塘，宋代诗人聂守真写诗评价他“野水闲云一钓蓑”，他被百姓们传为神仙中人。可在他“神仙”的背后，又有谁知道，他心底那一颗抹不去的朱砂痣王清惠呢？

他是时间的独醒者，抛弃了让他感到狼狈不堪的尘世，选择了孤独，同时也选择了寂寞。

汪元量南归后不久，王清惠便郁郁而终。死讯传到汪元量耳中，他强忍悲伤，为王清惠写了一首挽诗：

女道士王昭仪仙游词

吴国生如梦，幽州死未寒。

金闺诗卷在，玉案道书闲。

苦雾蒙丹旐，酸风射素棺。

人间无葬地，海上有仙山。

在他心里，王清惠生长在美好如梦的吴国，金闺诗卷尚在，佳人却已撒手人寰，只留下玉案闲书。斯人已逝，故国永诀，从最后一句“人间无葬地，海上有仙山”可以看出，王清惠在汪元量心中占据着多重的分量，在他心里，她死后便不该葬在人间，而要回归海上仙山。

他是百姓口中的神仙，而她是他心里的神仙。彼此穷尽一生在感情上都极尽隐忍，未越过雷池一步。

她还活着的时候，两人虽然相隔千里，但知道彼此安好，便已心安。可随着王清惠的离世，汪元量的心再也没有了偏安一隅的放置之地。多年以后，他游历至西湖，看到隔着水波的吴山，想起在驿站墙壁上题诗的王清惠。

“青山故国，乔木苍苔。当时明月，依依素影，何处飞来？”

素衣秀美的女子挽起衣袖，发髻松绾，神情端肃，一笔一画地写下她的国仇家恨。

江山依旧，物是人非，汪元量长长地舒出一口气，隔着十多年的岁月光阴，再度为她赋诗：

满江红·吴山

一霎浮云，都掩尽、日无光色。遥望处、浮图对峙，梵王新阙。燕子自飞关北外，杨花闲度楼西侧。慨金鞍、玉勒早朝人，经年歇。

昭君去，空愁绝。文姬去，难言说。想琵琶哀怨，泪流成血。蝴蝶梦中千种恨，杜鹃声里三更月。最无情、鸿雁自南飞，音书缺。

王清惠故去的阴霾令他“日无光色”“泪流成血”“梦中千种恨”，她至死不能回归南地故乡的痛，他也感同身受。

是以王清惠死后，汪元量的琴声再也回不到从前的豁达悠然。诗人吴淑真在一次偶然的契机里，听到汪元量抚琴，半晌无言，唯有一句“千万恨，不能雪，愁绝”。

琴声由心起，对每一个国破家亡、痛失爱侣的人来说，无论外人看他如何光风霁月，唯有自己能清晰地感受到，内心千万恨，不能雪。

一

十里扬州风物妍

元

朱帘秀

寿阳曲·答卢疏斋

山无数，烟万缕，憔悴煞玉堂人物。

倚篷窗一身儿活受苦，恨不得随大江东去。

如果你爱读“枯藤老树昏鸦，小桥流水人家”“良辰美景奈何天，赏心乐事谁家院”，如果你爱看传奇精彩的元杂剧，那你一定不会错过朱帘秀。

在元代的朱帘秀，地位便似近代的梅兰芳，她是戏曲界独一无二的当家花旦，一双妙目秋水含情，一点笑意百花盛放，“姿容姝丽，杂剧为当今独步，驾头、花旦、软末泥等，悉造其妙，名公文士颇推重之”。元杂剧大家关汉卿为她量身打造《救风尘》和《望江亭》，甚至《窦娥冤》的诞生都离不开朱帘秀的演绎，更在《一枝花·赠朱帘秀》里赞她“富贵似侯家紫帐，风流如谢府红莲”“十里扬州风物妍，出落着神仙”。

江南向来是风物妙丽之地，青山隐隐，绿水迢迢，“二十四桥明月夜”教人心驰神往，扬州更是自古多美女，“楚腰纤细掌中轻”。而在关汉卿的笔下，朱帘秀却是扬州这一宝地中出落的“神仙”，赞誉之高，可见一斑。

许多人都记得张艺谋的电影《霸王别姬》中所描绘的戏班生活，幼年时因家贫而进入戏班，从此以后过往的家人都不再是家人，相亲相爱、相依为命的只有这一班走南闯北的小伙伴。朱帘秀在戏班中排行第四，被亲昵地叫作“四姐儿”。

虽然出身贫微的戏班，只是一名唱戏的戏子，但朱帘秀的分量绝不止于此。她同当时的许多文人才子如卢挚、关汉卿、胡祗遹、冯子振等均是至交好友，不同于逢迎作笑的乐伎，朱帘秀是被当作朋友看待的。胡祗遹便称她是“见一时之教养，乐百年之生平”“一片闲云任卷舒，挂尽朝云暮雨”。在喧嚣热闹的戏班里，她能保持云卷云舒的平淡心态，虽没有受过高等教育，依然能“见一时之教养”，已经称得上是“出淤泥而不染”了，这同她个人的志向与心气有很大的关系。也正是她个人的高迈不群，才使得她凭借低微的身份亦能收获许多名人大家的珍贵友谊。

芳华盛开的朱帘秀在成长为元杂剧花旦的路上，不可或缺的便是这些朋友的帮助。每一位演员若想名扬四海，便不能缺少一部成名作，对于朱帘秀来说，她的代表作便是《窦娥冤》。

这部名著对现代的我们来说耳熟能详，关汉卿大名鼎鼎，《窦娥冤》名传千古。可正像柳永潦倒街头千百年后才成为宋词大家一样，关汉卿的许多作品在当时并没有受到极高的评价。他的字里行间充斥着愤世嫉俗，他的杂剧主角都是低贱奴籍，很难得到掌权者的欣赏。这时候，已经小有名气的朱帘秀，接演了他的《窦娥冤》。

她赌的是他的才华，也是她对知己的信赖。

《窦娥冤》一夜之间红遍大江南北。不卑不亢不屈从于权贵的窦娥，仿佛是每个饱受苦难的底层百姓的写照，《窦娥冤》如预期那样广受欢迎。

朱帘秀赌赢了，关汉卿名声大噪，而她也一跃成为梨园名角。

她果决飒爽的气度，亦像窦娥一般为人称道，其中便有一位狂热的爱慕者——卢挚。

卢挚字疏斋，是当时极有名气的一位翰林学士，文采斐然，风姿翩然。当时元朝的文人普遍喜好用“斋”作字，这同他们信奉的道教有关，前文提到的汪元量出家为道士颇受推崇，“斋”为字，也是同理。

两人感情最为炽烈时，便以诗作往来。但卢挚有公务在身，朱帘秀亦要随戏班去各地演出，聚少离多，相思情浓，卢挚便率先写了一首《寿阳曲·别朱帘秀》一表钟情。

才欢悦，早间别，痛煞煞好难割舍。

画船儿载将春去也，空留下半江明月。

“痛煞煞”三字听来，虽有几分肉麻，却显见情切。“画船儿”自然就是戏班搭乘的船只，对卢挚来说，朱帘秀便是他心中的“春”，她一颦一笑便仿佛春天花都开好了，千里莺啼，绿树红花。而她一离去，满江碧波之上，就只余半轮明月，剩余的半轮便追随着心上人去了。

卢挚写的不仅仅是明月，分明就是他的一颗心，剖成了两半，一半落在朱帘秀的喜怒哀乐中，一半留在自己身上，每一次血脉流转都带着与另一半分别的痛楚和思念。

这段感情中，不仅仅是卢挚投入得多，朱帘秀也用情至深，她不久就回了一首《寿阳曲·答卢疏斋》。

“山无数，烟万缕，憔悴煞玉堂人物”，山万重，水万重，烟雾万缕，相思催着她这“玉堂人物”憔悴煞。在朱帘秀的笔下，千丝万缕的也不是烟雾，而是她心中的思念，一丝一缕，充满了四肢百骸。

“倚篷窗一身儿活受苦，恨不得随大江东去”，倚着篷窗，只觉得心中活受苦，恨不能随着滔滔江水东去与你相见。

“两情若是久长时，又岂在朝朝暮暮。”朱帘秀对卢挚的思念，同样绵绵不绝。两人在长达一年多的两地分隔后，朱帘秀下定决心，与卢挚择地定居。

于是，她选择了扬州。

“春风十里扬州路，卷上珠帘总不如。”风花雪月的扬州从来不缺少能歌善舞的美女，元杂剧的世界也从不缺少唱念做打样样俱佳的花旦。

朱帘秀的步伐一慢下来，就像是减少了荧幕曝光率的明星，渐渐人气低迷起来。

可此时的卢挚，已经在一年的分别中，悄然改变了心意。

情由浓转淡，他已不再是当时那个“好难割舍”的好郎君了。爱情里，开始时相爱得热烈，结束时往往只有一方情难自已。万人追捧的朱帘秀在褪去幕前光辉，愿意洗尽铅华相夫教子时，让她拥有这个想法的人却变了。

“等闲变却故人心，却道故人心易变。”身心俱疲的朱帘秀，不愿再追逐卢挚的脚步，选择独自在扬州定居。这里于她而言，再也不是扬名立万的繁华秀场，而是十年一觉终于梦醒的终老之所。

曾经光鲜亮丽的她，从来不乏追求者和爱慕者。与卢挚相爱时，朱帘秀眼中只看得到他一人，而当卢挚的身影远去，她目之所及，才出现其他人。

道士洪丹谷适时出现了，他的目光已追逐朱帘秀许久，久到他本已不抱希望。

当时元朝的道士均可婚嫁，相对自由，修道只是一种信仰，而不是一种约束。

洪丹谷脾性疏淡温和，因为年长于朱帘秀，他待她便像对待孩子，小心翼翼又宠溺至极。奔波半生的朱帘秀，在这样的柔情攻势下缴械投降，嫁他为妻。

朱帘秀与洪丹谷结缡相伴了二十余年，其间关汉卿前来探视，见她生活安乐平和，才感觉到宽慰。

二十年后，朱帘秀在杭州的西子湖畔溘然长逝，陪伴她多年的洪丹谷，只留下一句“二十年前我共伊，只因彼此太痴迷”。这一语便道破了朱帘秀二十多年来埋藏在心底的情意，她从来没有忘记过卢挚，也没有忘记过那一段最深刻、最热烈的感情。卢挚是她心头抹不掉的伤，而她是洪丹谷长在身体里的朱砂痣。

若彼此痴迷的是他们两人，那该有多好？

天各一方，与朱帘秀了结情缘的卢挚也并不快乐，从此后他写的杂剧中“阴，也是错；晴，也是错”，可又能怪谁呢？是他先放开了她的手，让她渐行渐远。他们之间并非牛郎织女一般隔着天地，却比那还长，比那还远。得不到，放不下，才是世间最残酷的事。

“系我一生心，负你千行泪。”错过了的永远是最好的，得不到的永远是最想要的，绚烂绮丽的开始，永远不能预见最终的结局。

对镜自怜终勘破

明

冯小青

春水照影

新妆竟与画图争，知是昭阳第几名？

瘦影自临春水照，卿须怜我我怜卿。

“千百年来，艳女、才女、怨女，未有一人如小青者。”

冯小青是特别的。

冯家是勋贵之家，跟随明太祖朱元璋征战天下，冯小青本名玄玄，出生时，她的父亲便是广陵太守。出身富贵，家道中落，似乎是每一位才女的必经之路。建文四年，燕王朱棣借“靖难”之名夺得了建文帝的皇位，冯家拥护正统，因而遭逢剧变，冯小青由此落难，从官家小姐沦落为杭州富商冯生的妾侍。

为什么说冯小青是特别的呢？中国的女诗人从来不缺少感情坎坷之人，如薛涛热情炽烈的敢爱敢恨，鱼玄机看透一切的放浪形骸，而冯小青是唯一一个顾影自怜到几近病态的可怜人。在旁人自比荷花出淤泥而不染、杏花天真烂漫、桃花爱闹春意时，她像是一株亭亭玉立的水仙花，深深为自己沉醉。

冯小青与冯生的结缘传说来源于一条灯谜：

话雨巴山旧有家，逢人流泪说天涯；
红颜为伴三更雨，不断愁肠并落花。

这条谜底为红烛的灯谜，冯小青一眼便猜中了，她更为在意的是灯谜中的意境，恰好契合了她的心情。原本无忧无虑被娇宠长大的大家小姐，要靠投奔亲眷寄人篱下，被人戳着脊梁骨嫌弃成“破落户”，这无一不是她心中难解之痛，逢人流泪，不断愁肠，更是她如今的常态。

东风夜，花千树，鱼龙灯转之间，哀婉柔弱的冯小青分外惹人怜爱，在灯谜之外的冯生便如“众里寻他千百度，蓦然回首，那人却在灯火阑珊处”一般，对她一见钟情。

冯生家中已有发妻，多年无子，脾性凶悍，他确实需要红袖添香的美妾，也迫切想有一个子嗣。于是，家财万贯的他一掷千金，将冯小青买回家做了妾侍。

冯小青内心事实上是矛盾的，冯生并不是丑陋贪婪的人，相反，他正值盛年，风度翩翩，如果不是已有正妻，确实是个很好的夫婿人选。可冯小青当了多年官家小姐，面对沦为妾侍的现实，心中必定幽怨而不忿，但情窦初开的她对怜惜她的冯生更有好感，便半推半就地依从了。

她的自尊迫使她觉得为妾是耻辱，可她的感情又推动着她一步步向冯生走近。在这样复杂的心态下，冯小青踏进了冯家的大门。

冯小青爱画远山眉，这眉形更突显她的柔美，古人有诗曰，“山是眉峰聚”，遥想一下，眉色如望远山，脸际常若芙蓉，肌肤柔滑如脂，好一个秀美佳人。她温柔婀娜，善解人意，出身名门又见解不俗，冯生对她愈加喜爱。

冯生的大妇崔氏并不是个大度的人，她虽然答应冯生纳小青为妾，内心深处却从未接纳过她。一个人的反感纵使百般掩饰，但言行举止总能透露一二，敏感柔弱的冯小青很快感受到了崔氏的敌意。人性是很奇妙的，一旦你发觉一个人喜爱你，那你看他的一言一行仿佛都是对你的爱意，可一旦你发觉有人厌恶你，他做什么仿佛都是在针对你。

这或者就叫作疑心病。

冯小青愈加惆怅，在冯生不能陪伴她的时间里，她总疑心是崔氏从中作梗，陆陆续续地写了不少哀怨之作。

雪意阁云云不流，旧云正压新云头。
米颠颠笔落窗外，松岚秀处当我楼。
垂帘只愁好景少，卷帘又怕风缭绕。
帘卷帘垂底事难，不情不绪谁能晓。
炉烟渐瘦剪声小，又是孤鸿泪悄悄。

这首诗很显然在暗暗抱怨崔氏对她的不公，她是垂帘，崔氏便是那吹动垂帘的风，她是新云，崔氏便是压着新云的旧云，总归她都是教人欺负的存在。

崔氏大约是真的妒忌凶悍，读到冯小青的诗作，她压制的脾气便彻底爆发了。过去或许只是零星半点的冷言冷语，这一次却是不折不扣的针锋相对。

冯生没有办法，他有做商人的天赋，就不是个愚钝之人，不会干宠妾灭妻的蠢事。为了安抚崔氏的怒火，他将冯小青送到了西湖边的一座房子里暂且安置。

西湖风光秀丽，山影倒映在青翠的湖中，湖光山色相互映衬，绮丽隽秀非比一般。据传冯家的这座房子靠近宋代隐士林逋的居所，林逋便是大名鼎鼎的“以梅为妻，以鹤为子”的雅士，他酷爱梅花，写过诸如“疏影横斜水清浅，暗香浮动月黄昏”的佳句，住所附近更是遍植梅树，文雅至极。

这原本是散心遣忧的好去处，可在冯小青的眼中，却是青山虽好，难掩离别情。她携着一位年迈的仆妇，郁郁寡欢地居住在此，日日期盼冯生来探望她。在一日不见如隔三秋的等待中，她只能将思念之情化作字字句句。

其一

罗衫血泪点轻纱，吹入林逋处士家。

岭上梅花三百树，一时应变杜鹃花。

其二

冷雨幽窗不可听，挑灯闲看牡丹亭。

人间亦有痴于我，岂独伤心是小青。

其三

乡心不畏两峰高，昨夜慈亲入梦遥。

见说浙江潮有信，浙潮争似广陵潮。

乍觉别离滋味的冯小青日复一日地将自己盛装打扮，却甚少等到冯生的到来，这美不胜收的西湖梅林盛景，在她看来不过是杜鹃啼血，春衫血泪。

她看《牡丹亭》，感慨人间自是有情痴，而她自己便是其中之一，她看广陵潮，却觉得她的夫君冯生便如广陵潮一般，总说有信要来，但久等不至。她一心等待，仿佛所有的浙潮都是广陵潮了。这便像那句“一别后，从此我爱的人都像你”，冯小青对冯生的思念可谓与日俱增。

在这三首诗作中，她第一次提到自己的名字小青，“人间亦有痴于我，岂独伤心是小青”，也正是自此开始，她的顾影自怜一发不可收拾。这朵洁白孤独的水仙在不知不觉间就悄然盛开了。

闲来无事时，她总是对着烟空水清，临池自照，对影絮絮问答，眉痕惨然，似有泣意。甚至有一次，梳妆完毕后，她对着西湖水波中自己的影子说：“汝亦是薄命小青乎？我虽知汝，汝岂相怜，假使我赍恨而死，汝岂能因我而现形耶！”

在孤独中，她竟能对着自己的影子说话：“你也是薄命的小青吗？我若是死了，你是否会现形？”

这一问，凭空多了几分诡异。

湖中的倒影自然是不会回答她的，冯小青随即又作了一首诗：

新妆竟与画图争，知是昭阳第几名？
瘦影自临春水照，卿须怜我我怜卿。

放在现代，旁人一眼便知，冯小青大约已是思念成疾，患上抑郁症了，可古人没有这种说法，仆妇只觉得她过于思念冯生，没有重视她的这种病态心理。

冯小青很快就在一日日的翘首等待中生病了，缠绵病榻时还要描眉化妆，不肯露出一丝倦容。冯生不来，她便照着铜镜，望着自己的如花美颜，满心哀愁。

有一日，她倚在病榻上，忽然便使仆妇将画师叫来为自己画像。

画师来了之后，先为她画了一幅，冯小青看了之后说：“得吾形似矣，犹未尽我神也。”

——虽然画出了我的形，却没能画出我的神。

冯小青对第一幅作品并不满意，画师只得重画。

第二幅作品，画师绞尽脑汁，花了不少时间，才最终成画，冯小青看了许久，才说：“神是矣，而丰态未流动也。”

——神虽然有了，但看起来太过于呆滞，体态没有灵气。

冯小青还是不满意，于是画师提议她不要保持一个动作，言谈举止一切顺其自然。冯小青依言做了，画师小心翼翼地捕捉她一颦一笑间的情态，力求尽善尽美。

第三幅画出炉后，神态自然的画中人惟妙惟肖，栩栩如生。冯小青终于满意了，她付了重金，将这幅画放在屋中，左看右看，爱不释手。

在冯生不在的孤独时光里，冯小青就对着画像、西湖里的影子喃喃自语，自怨自艾。在这样的状态下，她的病当然不可能好转，反而愈来愈重，一病不起。

病重的冯小青仿佛回光返照一般，对自己时日无多的事实心知肚明，她强撑着病体，在画像上题了她人生中的最后一首诗：

稽首慈云大士前，莫生西土莫生天。
愿为一滴杨枝水，洒作人间并蒂莲。

“慈云大士”是指观音菩萨，冯小青此诗是在向上天祈求，不求死后升天和往生净土，只愿化作菩萨净瓶中的一滴甘露水，洒到人间变作并蒂莲，保佑世间所有的恩爱夫妻白首不相离。

观她先前的言行，似是心智不定，但时至此刻，她仿佛又是极其清醒的。

与冯生的分离让她对天下分别的有情人都心生怜悯，愿化作甘露水保佑芸芸众生，这是她人性中的善。在生命最后一刻的痛苦里，她依然保有这份可贵的善意，先前种种的疯癫和痴迷，便都可以原谅了。

不久之后，冯小青在病榻上离世，仅仅留下画师的三幅画像及一些诗稿。

听说了冯小青过世的消息，冯生极其悲痛，崔氏早已听闻冯小青先前的行径，只觉得诡异又晦气，便先冯生一步赶到冯小青的居所中，将她的诗作和画像一并焚烧。冯生晚来一步，只能从火焰中抢夺残稿断章，视若珍宝。后来这些诗作被有心人集结成册，命名为《焚余稿》。

冯小青的自怜自伤中，隐约有几分《红楼梦》中林黛玉的影子，只是林黛玉的顾影自怜没有她这般过度和夸张，林黛玉更多的是清高孤傲和敏感，冯小青身上便失了这份骄傲。

这仿似《聊斋志异》里的诡艳生平，令许多文人雅士对她分外好奇。冯小青葬于西湖边的孤山梅林，一冢草土，四壁烟萝，以此传出不少志怪故事。其中有一则传说，有一位慕名前往西湖吊唁冯小青的文人，在小青的墓前作了两首凭吊诗：

其一

罗衫点点泪痕鲜，照水徒看影自怜。

不逐求凰来月下，冰心急似步飞烟。

其二

哮声猜语不堪聆，竟使红颜冢中青。

可惜幽窗寒雨夜，更无人读牡丹亭。

当夜，这位文人便露宿在孤山梅林里，月明如昼，烟景空蒙，在迷迷糊糊之间，他隐约望见梅花树下伫立着一位风姿绰约的女子，朱衫翠袖，身影缥缈，在洁白的梅花之间徘徊不去。文人为这艳色所惊，不由自主地靠近，却只闻到一阵香风扑面而来，女子恍然不见，只余一地梅花香雪。于是，这位文人不由得揣测，这是否便是冯小青的魂魄前来感谢他的祭拜，诗兴大发的他，又作了两首诗：

其一

梅花尝伴月徘徊，月泣花啼千载哀。

夜半岩前风动竹，分明空里珮环来。

其二

不须惆怅恨东风，玉折兰摧自古同。

昨夜西冷看明月，香魂犹在乱梅中。

这两首诗同杜甫缅怀王昭君所作的《咏怀古迹》有相似的意境，这位文人写冯小青是“夜半岩前风动竹，分明空里珮环来”，而杜甫写王昭君则是“画图省识春风面，环佩空归夜月魂”，自古怨情多相似，相比王昭君，冯小青的事迹则显得更艳炽，引起了各色名流韵士的无限遐想。

中国古代十大禁书之一的《醋葫芦》，写了历代妒妇案宗，其中有一条便是冯小青状告崔氏不能容人，凶悍善妒，而冯小青死后位列散仙，冯生和崔氏则轮回为牲畜。这类杜撰的情节便是怜惜冯小青的作者臆想出的结局了。

冯小青是特别的，但读其经历，哀其不幸，怒其不争，又怜又恨，怜她空有满身才华却命途多舛，恨她不能自立自强只会顾影自怜。若她有卓文君“闻君有两意，故来相决绝”的果断和坚毅，又或者有薛涛骤然抽身的洒脱和大度，或许她也不会在自怨自艾中化作一缕艳魂。

同样看不穿的还有唐代传奇《霍小玉传》中的女主角霍小玉，出身没落贵族的霍小玉知书达理，才华横溢，秀美温顺，同冯小青极为相似。霍小玉沦落成了艺妓，经人介绍与书生李益相恋，后李益远赴他乡任职后便瞒着霍小玉另娶名门闺秀，霍小玉在苦苦等待许久后才得知真相，知晓时急火攻心，气绝而亡，临终前幽恨诅咒：“我为女子，薄命如斯；君是丈夫，负心若此！韶颜稚齿，饮恨而终。慈母在堂，不能供养。绮罗弦管，从此永休。征痛黄泉，皆君所致。李君李君，今当永诀！我死之后，必为厉鬼。使君妻妾，终日不安！”

霍小玉比冯小青骄傲，也比她有骨气，宁为玉碎，不为瓦全，她死前怀抱着的是恨，留给情郎的是“我死之后，必为厉鬼。使君妻妾，终日不安”，而冯小青只留下幽怨的原谅，“愿为一滴杨枝水，洒作人间并蒂莲”，她的隐忍和善良，还是比霍小玉获得了更多后世的怜惜和神往。所以在历代文人的畅想中，霍小玉沦为厉鬼，冯小青则位列仙班，结果截然不同。

我相信每一份爱从初始时都是包容且善良的，可并不是每一份爱在阻挡和坎坷之中，都有勇气突破重围，乘风破浪。

记得有一部电视剧里的台词是这样的："我们体内蕴含的所有能量，每一个粒子，都会变成别的事物的一部分，也许是龙鱼，也许是微生物，也许在百亿年后被超新星燃烧掉。而现在构成我们身体的每部分，都曾经是别的事物的一部分，可能来自月亮、暴风雨，或者来自猛犸、猴子。"

这世上太多的怨恨都来源于看不穿，可人生在世，每个人都太渺小了，这样渺小的一生不该寄托在旁人的爱恨情仇上。此生之前，原本只是宇宙间的粒子，此生之后，也将回归本源，化为他物。

如果冯小青懂得洒脱，或许她人生的归途是告别冯生纵情山水，可如果冯小青懂得了洒脱，那她或许一生都只是普通的冯玄玄，不会是那个集艳女、才女、怨女于一身的冯小青。

这多么令人唏嘘，旁人看你恃才傲物，流芳百世，可谁知道这份灿烂背后，默默饮下多少血泪和怨恨。

世情休问凉和热

黄峨

寄外

雁飞曾不到衡阳，锦字何由寄永昌。
三春花柳妾薄命，六诏风烟君断肠。
曰归曰归愁岁暮，其雨其雨怨朝阳。
相闻空有刀环约，何日金鸡下夜郎？

蜀中有四大才女，分别为卓文君、薛涛、花蕊夫人、黄峨，前三者的故事耳熟能详，而看到黄峨的名字，许多人都会问一句，这是谁？

再说电视剧《三国演义》的片尾曲："滚滚长江东逝水，浪花淘尽英雄。是非成败转头空，青山依旧在，几度夕阳红。白发渔樵江渚上，惯看秋月春风。一壶浊酒喜相逢，古今多少事，都付笑谈中。"这脍炙人口的句子，一经说出口便仿佛能即刻成曲，它的作者就是黄峨的丈夫、明朝三大才子之一的杨慎。

黄峨出身于官宦人家，养在深闺，习得诗书，一手元曲更是信手拈来。还未及笄，黄峨就已凭借自己出众的才华和温婉的品行在京都的妇人小姐圈子里芳名远播。

闺中即事

金钗笑刺红窗纸，引入梅花一线香。

蝼蚁也怜春色早，倒拖花瓣上东墙。

黄峨的这首《闺中即事》便写在此时，与寻常闺阁少女伤春悲秋抑或娇俏活泼不同，黄峨的诗作中极有生活情趣，又带着天真烂漫的童趣。金钗原本是不会“笑刺”的，唯有人，黄峨首句便用了拟人的手法写了闺中趣事，几位小姐笑着用金钗刺破红窗纸，好叫梅花的一线香气幽幽传来。这让黄峨想到了什么呢？竟是地上忙忙碌碌的蚂蚁忙着将花瓣拖拖拽拽到东墙。将正值年华的女孩儿们比作忙忙碌碌的小蚂蚁，黄峨的想法异想天开又令人忍俊不禁，这位端庄沉稳的大家闺秀内心自然也有几分古灵精怪。

豆蔻年华转眼便至，黄峨也到了该说亲的年岁，但每每有说亲的媒人前来，都被眼前知书达理的少女一一婉拒。黄峨的父母是通情达理的长辈，询问爱女后，得到的回答是非杨慎那般的人杰不嫁。

整个黄家都惊呆了。

黄、杨两家是世交，杨慎的父亲是吏部尚书杨廷和，杨慎本身亦是状元，他年少时仕途坎坷，却从未抛却坚韧心性。杨慎十一岁便会成诗，一支墨笔写就“青楼断红粉之魂，白日照翠苔之骨”的警句，二十一岁会试文章被列为卷首，却因烛花跌落试卷烧毁而名落孙山，可这位背脊如傲竹的少年郎仅仅在三年之后，便以殿试第一的成绩考中状元，名扬天下，甚至在他百年之后，仍被誉为“明词第一”。

杨慎这样的人，与黄峨原本该是绝配，可令人遗憾的是，黄峨年仅十二，而杨慎已是二十四岁的青年人了，春风得意马蹄疾，古人讲究成家立业，此时的杨慎早已娶亲。

若黄峨是寻常女子便罢了，可两家往来，门当户对，黄峨的父亲乃工部尚书黄珂，与杨廷和同朝为官。试问黄峨身为官家千金，又怎么可能给杨慎做妾呢?

无论是世交长辈的颜面，还是大家族的风度，都不容许黄峨为妾。

玉树临风的邻家少年郎，“我恨君生早”的失之交臂，这种种失落和遗憾，黄峨自己心中亦是十分明白。他试卷被烧毁，她为他辗转垂怜，他金榜题名，她为他欢欣雀跃，可杨慎这些起起落落的人生，这些悲欢交加的心情，共享者从来不是她，而是他的原配夫人、明媒正娶的妻子。

于是，从十二岁到二十二岁，整整十年，少女最美好的光阴，黄峨都将自己的心意悄然按捺在内心深处，她原本就做好了一生孤老的准备。

为此，她还写过诸多元曲，如“茅檐草下，谁种出海棠花，娇滴滴俏冤家。柳腰肢刚一把，绾乌云双鬓鸦。娉婷未嫁，二八时娉婷未嫁。饮散流霞，只落得梦魂牵挂。”

她一心未嫁之意，梦魂牵挂之情，全在杨慎。

那时正是明武宗正德皇帝朱厚照当政，这位皇帝在位期间，最负盛名的是他身为君主的昏庸荒诞。朱厚照以好色著称，不思朝政，昼夜荒淫，甚至还乔装打扮出宫，将魔爪伸向平民女子，令人发指。

在朱厚照的影响下，此时的明朝民不聊生，国事虚废，黄峨的父亲、工部尚书黄珂愤而辞官，携家眷回到老家遂宁。

有感于此事的黄峨，写下了一首元曲《玉堂客》寄送给往日在京都交好的手帕交：“东风芳草竟芊绵，何处是王孙故园？梦断魂萦人又远，对花枝空忆当年。愁眉不展，望断青楼红苑。合离恨满，这情衷怎生消遣！”

正是这首笔端妙丽、隐含离愁的元曲，让杨慎对这位记忆中还是垂髫稚童的少女刮目相看。

十年的时光转眼即逝，杨慎的夫人因病亡故，杨家殷殷期盼他再娶。无可奈何的杨慎搜索了脑海中所有的记忆，唯独记起一个才华出众却始终未能出嫁的老姑娘黄峨。

二十二岁的黄峨纵使才貌双全，也早已无人问津。杨慎记起她曾经明媚天真的笑颜，记起那首艳惊四座的《玉堂客》，主动向相差十岁的邻家少女伸出了橄榄枝。

黄峨简直不敢相信，少女时代的憧憬一朝成为现实。在旁人眼中，哪怕是嫁作继室，她也是值得艳羡的。杨慎的父亲杨廷和已是首辅，杨慎是众人眼中的新贵，前途无限，且他本人仪表堂堂，文采斐然，不知是多少春闺少女魂牵梦萦的意中人。

成亲当日，彩轿过处，人人都争相围观这位“尚书女儿知府妹、宰相媳妇状元妻”，再无人记得曾经对她多年未嫁的指点嘲笑。

黄峨含泪嫁给了杨慎，她此刻的内心虔诚而感恩，甚至为了表达不争之心，还特意写了一首《庭榴》表明姿态：

移来西域种多奇，槛外绯花掩映时。
不为秋深能结实，肯于夏半烂生姿。
翻嫌桃李开何早，独秉灵根放故迟。
朵朵如霞明照眼，晚凉相对更相宜。

黄峨以石榴自喻，她只是半途“移来”的，而非原本的主人。第一句她便将自己的姿态摆得极低，处处以杨慎的原配夫人为尊。黄峨这株石榴花，不敢奢望“秋深能结实”，只盼望“夏半烂生姿”，她不祈求能为杨慎开花结果，只要能陪伴在他身畔便已心满意足，而作为续弦，她不会与桃李争春，只愿在仲夏时节“放故迟”。可她是女孩儿，亦有骄傲和自尊，于是在最末一句，她说自己“朵朵如霞明照眼，晚凉相对更相宜”，她羞怯又坚定地认为，自己这朵明艳的石榴花会适合杨慎，为他照亮原本黯淡的生活。

黄峨和杨慎的婚后生活的确如她所期盼的那样甜蜜，为此，黄峨还写了不少大胆热烈的元曲：“戏蕊含莲，一点灵犀夜不眠。鸡吐花冠艳，蜂抱花须颤。玉软又香甜，神水华池，只许神仙占。夜夜栽培火里莲”“有一日闲衾剩枕和他共，解娇羞锦蒙，启温柔玉封，说不尽袅娜风流千万种”……元曲本就以浅显闻名，黄峨并不拘泥于礼教，反而将自己多年的情感一一表露。

夫妇恩爱的时光并没有很长，甚至还不足黄峨苦苦等候的十年。仅仅在成婚四年后，杨慎便向朱厚照犯颜极谏，说他“轻举妄动，非事而游”，朱厚照不为所动，无可奈何之下，杨慎同岳父黄珂一样，愤而辞官。

不久，沉迷酒色的朱厚照无子而亡，明世宗朱厚熜兄终弟及，继承帝位，杨慎也因此官复原职。

然而这并不是杨慎这位才子坦荡仕途的开始，反而是他与黄峨夫妇悲剧的起始。

由于朱厚照无子，论理朱厚熜继承皇帝后，也应当奉朱厚照的父亲孝宗皇帝为太上皇，而自己的生身父亲则只能称为皇叔父，可初登大宝的朱厚熜对这样的礼法并不买账，他堂而皇之地将自己的生父兴献王称为皇考，并按皇帝的尊号和祀礼给亡父上供。

朝堂上一瞬间炸开了锅。

读书人最重礼教，朱厚熜几乎可以称得上是大逆不道。

面对诸多反对声，朱厚熜置若罔闻，决意杀鸡儆猴。于是，杨慎的父亲、首辅杨廷和首当其冲，因为反对此事而被迫辞官，杨慎愤慨之下，多次上书，还集结了两百多名进士，在宫门前坐地反抗，并直言：“国家养士一百五十年，仗节死义，正在今日。”但朱厚熜一意孤行，且对杨慎这种不听管教的行为十分恼怒，“命执首八人下诏狱”。

朱厚熜并不是仁德的皇帝，他一心想的是：既然你想死，那么去死就是了。于是他盛怒之下，将杨慎一并下了诏狱，廷杖数次，几度垂死，而后流放云南。

这一年，杨慎才三十六岁，正是一个青年人报效家国的最好时光，可他注定要为自己的耿直与不屈付出代价。

杨慎流放云南，黄峨不离不弃，陪伴在侧。

可杨慎心疼她啊，从小娇生惯养的爱妻怎么能跟随他在云南受劳役之苦？于是，在他的再三恳求下，黄峨只能依依不舍地回到杨慎的家乡四川侍奉公婆。

面对家国昏暗、夫妻离别，杨慎满腔愁绪离索，亦化作笔下诗词：

楚塞巴山横渡口，行人莫上江楼。征骖去棹两悠悠。相看临远水，独自上孤舟。

却羡多情沙上鸟，双飞双宿河洲。今宵明月为谁留。团团清影好，偏照别离愁。

这是杨慎送别妻子时所作，亦是他内心对爱人的万般不舍，此刻，身在囚笼的他甚至羡慕沙滩上双宿双飞的小鸟，明月清影当空照，曾经对影成双，如今却形单影只，曾经满腹诗意，如今只余离愁满腔。

黄峨亦作《罗江怨》："关山转望赊，程途倦也。愁人莫与愁人说。离乡背井，瞻天望阙。丹青难把衷肠写。炎方风景别，京华音信绝。世情休问凉和热。"

与杨慎的经此一别，背井离乡，音信断绝，而这大起大落的官场人生，也让黄峨发出了"世情休问凉和热"的感慨。

而后几年，天下大赦，记仇的明世宗朱厚熜也下特旨，不赦杨慎。

黄峨的《寄外》便写在此时。

"雁飞曾不到衡阳，锦字何由寄永昌"，黄峨在老家，杨慎在永昌，万里迢迢，连大雁都不曾飞行，如何能将书信传递?

"三春花柳妾薄命，六诏风烟君断肠"，多年分别，黄峨只能自叹命薄，思君断肠。

"曰归曰归愁岁暮，其雨其雨怨朝阳"，每一年，她都期盼着夫君杨慎能得到赦免回到家中，可皇帝一丁点希望也没有留给她，她的心境便如沥沥雨下，此恨绵绵无绝期。

"相闻空有刀环约，何日金鸡下夜郎？"

就这样，黄峨和杨慎自此天各一方三十余年，及至杨慎客死云南，黄峨也再未见过夫君一面。

甚至，彼此之间"寄书难，无情征雁，飞不到滇南"，到最后，黄峨绝望了，"懒把音书寄日边，别离经岁又经年。郎君自是无归计，何处青山不杜鹃。"

杨慎对妻子的思念与日俱增，甚至想出了以子代役的荒唐方法。什么是以子代役？便是当时的律法规定“年六十者，许子侄替役”，于是杨慎在云南娶了两位妾侍，生了两个儿子，以求回乡。但岁月无情，杨慎没能等到替役的成果，两个儿子英年早逝，断绝了他与黄峨回乡团聚的希望。

等到杨慎七十岁，因为明朝有“七十即可休归”的律法，他重燃希望，踏上归程，才走进四川的边界，便又被明世宗派人抓捕回云南。

离自由咫尺之遥，却在马上就要见到光明时活生生被截断，杨慎悲愤至极，不到半年便病亡在云南。

朱厚熜对杨慎夫妇太过残忍，甚至他的长寿也是一种残忍，他活着便要让杨慎这个曾经反对过他的直臣永远饱受痛苦折磨，一生不得圆满。

唯有杨慎死后，黄峨才被允许前往云南，奔波万里，扶灵而归。

黄峨此去云南，没有骑马，没有乘轿，没有坐船，她以花甲之龄，徒步从四川翻山越岭一步一步走向丈夫的灵柩。

她甚至没有痛哭，没有抱怨，只是异常冷静地用自己的足迹一点一点靠近。

“岁月东流水，人生远别离”，在分别三十多载之后，黄峨再度见到杨慎，却是沉睡在墓穴中的冰冷尸首，她记忆里邻家意气风发的少年郎还恍然在眼前，一转瞬就是生死永诀。

而她心爱的人此刻还穿着服役的罪服，躺在最简陋的棺材里，但她什么也不能做！明世宗的眼睛紧紧地盯着此处，他派人多次查看杨慎的灵柩，看他有没有替换下罪服，或是葬礼有何违制之处。

悲痛到极点的黄峨反而极度冷静，她任由明世宗百般刁难，人死如灯灭，此刻的她已如行尸走肉，再感受不到一丝一毫的生气。

及至明世宗病逝，穆宗即位，这位帝王才给予杨慎一点点仁慈，为他平反，追赠光禄寺少卿。

可这又有什么用呢？杨慎已死了七年，在这七年间，黄峨的内心千疮百孔，痛无可痛，这近四十年来的所有哀伤悲痛，又岂是一个官职可以弥补的？

黄峨在她七十一岁时寿终正寝，与杨慎合葬，两人死在同一年岁，亦葬在同一处，生时未能团聚，死后方能同穴。

三十载春去秋来，曾经的相思万里，尽付黄土。

而对于杨慎和黄峨这对坚毅的夫妇来说，年少时一人鹤立鸡群，一人灿烂明媚，这许多变故，多年分别，都未曾改变彼此的心意。

困厄不曾磨灭勇气，艰辛不曾减退心性，唯有爱，乘风破浪。

红尘自是有情痴

李因

秋江晚泊

石尤风急泊沙湾，日落寒江鸥鹭间。秋水空明千里月，荒烟暝锁万重山。

樵歌野唱犹行路，僧寺残钟独掩关。潦倒篷窗愁客梦，漫披诗史手重删。

出生于明朝万历年间的李因，比她的诗作更出名的，是她的书画。

李因并没有出生在一个书香满室的大家庭，相反，她诞生于民间，自学诗词书画。一点一滴地练习和熟悉，一天一天地研墨和书写，让她小小年纪便已名闻乡里。

同所有苦命的贫穷姑娘一样，李因长成后因为家贫而沦落成为江浙一带的名妓。

明末有不少绝代芳华的名妓，如秦淮八艳的柳如是、寇白门，又如现在所说的李因。这些弱女子从未因为身份的低贱而降低品格与气节，柳如是孤注一掷投水殉国，李因虽未经历亡国的艰辛，却也不改如梅花般的坚毅气节。

于爱情上，李因与其他女子相比，仍是幸运的。

她甚爱梅花，也爱画梅枝，写梅诗。有一次，她在自己的梅花画上随性题了一首诗，其中有一句为“一枝留待晚春开”。

光禄卿葛征奇无意中见到了这幅画，读到了画上的诗，同样在书画上有不俗见解的他，对李因心生好感，随即打听了她幼时的经历，得知她家贫时仍不放弃学诗学画，以手指在蒙尘的桌面上书写，不由得十分怜爱，托人将李因买回家做了妾侍。

虽然只是为妾，李因却没有一个苛刻的主母，亦没有一对挑剔的公婆。葛征奇喜爱她的才华，四处为官时总带着她，李因也因此有了游遍大江南北的机会。

夫妇二人恩爱非常，李因每作一幅画，葛征奇都要盖上“介庵”的印章，“介”是葛征奇的号介龛，“庵”则是李因的字庵。夫妇同心，你作画，我题诗，俨然一对神仙眷侣。

左思曾写诗云：“非必丝与竹，山水有清音。”在大明壮阔的山水之间，李因的眼界由此变得开阔，她与葛征奇之间的书画交流，远比别的夫妇更为热切和炽烈。也正是游走四方，让夫妇二人无论是作诗还是作画，题材涉猎都更广博，也更随性。

李因的《秋江晚泊》就写在这个时期。

“石尤风急泊沙湾，日落寒江鸥鹭间。秋水空明千里月，荒烟暝锁万重山”，船只停泊在港湾，风急浪推，已近日落。江鸥在江水天色之间起飞，一轮明月当空照在江水上，江边山峦千万重，俱被烟雾笼罩，忽明忽灭。

李因的前四句，颇有“落霞与孤鹜齐飞，秋水共长天一色”的壮丽，只是她笔下的江景更婉约和冷寂，而王勃所写更为磅礴和大气，火红的飞霞之下，孤鹜腾飞，浑然一体，秋水绵长，天色清远，恍若一色。这是男子与女子不同的关注点，王勃写《滕王阁序》时正是一生最意气风发的时刻，宝马名剑，锋芒毕露，诗中尽是他刚健的骨气。而李因此时经历过幼年的坎坷，享受过爱情的可贵，风浪迭起之间，她便如那只起落随心的江鸥，向往海阔天空。

“樵歌野唱犹行路，僧寺残钟独掩关。潦倒篷窗愁客梦，漫披诗史手重删”，一路听着樵歌野唱，途经荒庙残钟，即便是穷困潦倒梦中依然忧愁，但笔耕不辍，手下写出的依然是诗史篇章。李因穷而不坠青云之志，诗中固然有孤冷落魄之意，但最末的意气总是上扬的。这正如她对待自己人生的态度，即便坎坷波折，也从未放弃希望。

大明气运的衰竭，影响着这片热土上千千万万的诗人，李因和葛征奇也不例外。

当夫妇二人一如既往地踏上游船，想要游览祖国的大好河山时，却在途经安徽时遇到了军队的哗变。箭矢如流星，四处飞射，李因看到有箭矢飞向葛征奇时，毫不犹豫地用手掌去挡，自己亦身中数箭，才换得夫妇二人平安脱险。

李因定然非常爱葛征奇。手是她作画作诗的根本，是她一身才华之所系，可为了葛征奇，她未及思考便伸手为他挡箭。夫君是她一生情之所钟，哪怕舍弃书画诗词，她也在所不惜。

只可惜，李因的深情并未换来岁月的宽待。夫妇二人逃过了这一次危险，葛征奇却没有逃过下一次命运的齿轮，不到数年，葛征奇便亡于大明的战乱。

他是朝廷官员，为王朝而死是他的归宿，死得其所，无怨无悔。

李因没有怨言，也没有自怨自艾，只是收拾了自己的画笔诗作，告别葛家众人，寻一处山水僻静之所，悄然隐居。

李因就这样孑身一人，在不知名处隐居四十多年，她在隐居之处遍植红梅，这是她与葛征奇共同的喜好，即便葛征奇已不在人世，她依然竭力保留着他在世时的一草一木。

她对丈夫的思念也从未止息，画笔不停，思念不止。

其一

曾咏梅花待晚春，

泉台应念未亡人。

再生恐是非非想，

愿化花魂作后身。

曾经与丈夫一同吟咏梅花，扫雪烹茶，如今却只能孤身一人在此。李因作为“未亡人”，忧虑的却是来生已无法同丈夫团聚，只愿化作一缕清净的梅花魂，护佑在爱人的身畔。

其二

白发蓬松强自支，

挑灯独坐苦吟诗。

此愁漫为梅花道，

肠断黄昏风雨时。

这一首应当为李因暮年所作。

李因一直活到了七十五岁，白发苍苍，垂垂老矣，时至此时，葛征奇已经离开她四十多个年头了，手掌上的旧伤仿佛还在隐隐作痛，就像他给她留下的内心创伤，永远无法愈合。四十多年来，独自挑灯夜读、扫雪赏梅，黄昏雨落之时，望着大珠小珠落玉盘，才觉得风雨催人老，伤心摧断肠。

至此，明末的女诗人已写了不少，无独有偶，每一位最终都不那么圆满。

公元1644年，大明王朝如一艘遭遇风暴的巨轮，随之沉没，这个修建了紫禁城、郑和七次下西洋的时代，这个君王宁可站着死绝不跪着生的时代，就此终结。它像是落下的太阳，将所有的才华横溢，所有的希望曙光，一并夺走了。

国难当前，乱世出英雄，可谁知道，英雄多少血泪彷徨？

断肠只凭千里梦

沈宜修

夜梦亡女琼章

东风夜初回，纱窗寒尚冽。徘徊未成眠，铜壶催漏彻。
偶睡梦相逢，花颜愈皎雪。欢极思茫然，离怀竟难说。
但知相见欢，忘却死生别。我问姊安在，汝何不同挈。
指向曲房东，静把书篇阅。握手情正长，恍焉惊梦咽。
觉后犹牵衣，残灯半明灭。欹枕自吞声，肝肠尽摧折。

同样出生于明末的姑苏城，与徐灿相比，沈宜修避开了亡国之痛，却逃不开离别之苦。

江浙人才，素甲天下。沈宜修诞生于一个文苑世家，沈家一门风雅，人才济济，她的从伯父沈璟是明代极具名望的作家，沈璟的侄子沈自晋则写下了流传甚广的元曲《望湖亭》，沈宜修的胞弟沈自征所写的元杂剧《渔阳三弄》被称为“北曲第一”，兄弟姐妹，文采出众，沈宜修自然也不同凡响。

她是一个极其讲究礼教的闺阁千金，八岁起便帮助父母管教顽劣的幼弟，“不肖弟幼顽劣，争枣栗，辄鸟兽触姊，姊弗恚，以好言解之”，所以在一众兄弟姐妹中，沈宜修是肃穆端方的大姐姐，而在父母心中，她则是一件温暖的贴心小棉袄。在她的影响下，她的弟弟妹妹都十分不凡，一众家人走出去，个个都是人杰。

沈宜修十六岁嫁给了同在江南极负盛名的大家族子弟叶绍袁，叶绍袁风姿卓绝，文采出众，与沈宜修情投意合，两人时常吟诗作对，焚香抚琴，新婚生活甜蜜且温馨，一对璧人拜见亲眷时，被赞为琼枝玉树，交相映带。

自己貌美多才，又能掌家训导弟妹，与夫君情意笃深，沈宜修原本该是许多人心目中完美的媳妇。可叶绍袁的母亲认为女子无才便是德，她不喜沈宜修与叶绍袁的唱酬互答，认为这是靡靡之音，耽误了叶绍袁科举考试。于是，叶绍袁的母亲便寻到一次机会与沈宜修进行了恳切长谈，希望她放弃自己在作诗上的才华，专注于内宅琐事。

沈宜修虽不愿，却依然应许了。

这原本可能会是一个陆游与唐婉式的悲剧，但叶母并没有陆母的偏执与果断，沈宜修也不似唐婉那般柔弱和无助。她只是在两相比较之下，选择了更适合自己的生活方式，让家庭生活变得更为融洽。

沈宜修真的做到了一个贤妻良母所该做的，勤俭持家，爱好整洁。叶绍袁在怀念沈宜修时曾写她“性好洁，床屏几幌，不得留纤埃”“生平不解脂粉，家无珠翠，性亦不喜艳妆，妇女宴会，清鬟淡服而已”，初婚时的一床翠绡床帐，垂挂三十年“寒暑不易，色旧而洁整如新”。

叶绍袁的母亲望子成龙，多番催促叶绍袁勤学苦读考取功名。于是，叶绍袁恋恋不舍地告别爱妻，与堂弟叶绍颙一起住在学馆中。叶绍袁每周回家一次，依然没有改变与沈宜修探讨诗词文章的习惯，每每拿出自己的策论文章请妻子品鉴。沈宜修出身文学大家，虽没有上过学堂，但她教导弟弟成才，学识不同凡响，是以对叶绍袁的文章总有独特的见解，提出后总能让夫君心服口服。

不仅如此，沈宜修一手漂亮的簪花小楷还用来为叶绍袁誊抄应试文章，叶绍袁兴致勃勃地拿到学馆中给同窗品鉴，众人都赞扬沈宜修的字有卫夫人之风。

叶绍袁文采毫不逊色于妻子，文采斐然并不代表科举考试一帆风顺。就如同现代学生文章写得好，并不一定高考得高分一样的道理。叶绍袁多次参加科举，却“累屈秋闱，偃蹇诗书间，家殊瓠落”，沈宜修却始终无怨无悔，操持家务，教导子女，对于丈夫在家庭生活中的缺席毫无怨言。

我们常读的传奇小说里，总有风尘女子资助英俊书生的桥段，事实上参加科举考试是一件费钱又费力的事，叶家虽然是大家，但无人经营商务，亦没有人当朝做官，在经年累月的消耗下，维持生计便变得更为艰难了。

在这种情况下，沈宜修一方面“上事下育，勉力拮据”“不以动冯太夫人心”，一方面变卖自己的陪嫁首饰补贴家用，以至“箧无余饰剩襦”。事母至孝，胞弟沈自征在书中写她：“姊严事之……每下气柔声，犹恐逆姑心。迨夫儿女林立，姑少有不怿，姊长跪请罪，如此终身。”叶母冯夫人的管教则更为严苛，叶绍袁从学馆回家时，只敢白日里与沈宜修探讨文章，没有母亲的允许，无论寒冬夏暑，他都不敢回到卧房中与沈宜修夫妻同眠。

新婚伊始却不能同床共枕，丈夫常年被督促在学馆读书，沈宜修心中有思念之情，却不敢表露。

放到现在看来，叶绍袁无疑是不合格的丈夫，但在那个时代，足以看出叶绍袁想要中举的决心和破釜沉舟的毅力。

孝顺是沈家的祖训，在沈氏家谱中记载，沈宜修的太祖沈奎，以至孝闻名，他的母亲双目失明，大夫束手无策，沈奎每天为母亲舔眼睛，精诚所至，金石为开，竟使母亲的眼疾得以治愈而复明。

毫无疑问，沈宜修也继承了这种至孝的品质。

叶家日渐败落，出身官宦世家的沈宜修却没有丝毫怨言，她不仅变卖嫁妆维持叶家的生计，还在叶绍袁的好友有难时，取下自己平时所用的珠玉钗环卖作银钱交给夫君使用。叶绍袁面对沈宜修的理解，愧悔不已，发誓将来要以最华美的衣冠首饰报答她，可沈宜修只是温柔地摇头说：“既已委身于君，又何云报？”

在这样的情况下，妻子的委曲求全成了叶绍袁前进的动力。在又一次赶考的路途中，沈宜修写了一首《甲子仲韶秋试金陵》赠予叶绍袁，其中有一句是“而今莫再辜秋色，休使还教妾面羞”，叶绍袁读后，又是好笑又是欣慰。

巧合的是，在沈宜修作此诗之后，叶绍袁终于中举，从南京武学教授到国子助教，又一跃成为工部主事，仕途不开则已，一开便一路坦荡。

做官则意味着分别，沈宜修无法随任，只能留在江南照料婆婆和儿女，夫妇二人只能通过书信交流。有一次，叶绍袁的回信晚了许久未到，沈宜修便接连写了两首诗排遣自己的担忧之情：

秋日望仲韶京报不至

西风初冷碧香裾，白首高堂暮倚闾。
岂是上林无一雁，故教尺素杳双鱼。

再望仲韶京报不至

云稀月照但供愁，桐叶无凭空自秋。
寂寂湘江不写恨，何须日夜只长流。

初秋时节,西风初起,沈宜修在家中照料高堂,心中却已跟随叶绍袁飞往京城,尺素传情,却杳杳不至,怎不令她担忧?

在沈宜修的这份思念之情下,花影残落,碧云流断,本是江南好风光,也透露出几分初秋的寥落冷清。

事实上叶绍袁并不热衷于做官,从他文章盛彩却多考不中就可以看出,他更多的关注点在于风雅闲趣,但叶绍袁的风雅并不合时宜。叶家祖上十分富裕,大家族的宅院内亭台楼阁巧夺天工,族内子女工于诗词,题诗作赋,无一不通,全然是风花雪月的佳话。但传到叶绍袁这一代,“终日吟哦,不事生产,家渐败落”。

所幸,叶绍袁的及时中举让叶家每况愈下的家境画上了休止符。靠着叶绍袁的俸禄以及沈宜修的勤俭持家,几年下来,夫妇二人攒了不少积蓄。

一旦脱离了困难生活,叶绍袁便不愿再委屈自己忙于政务,立即以母亲年迈需要奉养为由,向皇帝陈情要求辞官。大约是他去意已决,崇祯皇帝再三挽留后最终放行。

于是,叶绍袁携着母亲与妻儿一并归隐江南。

这段岁月是沈宜修最快乐的时光,她不再背负着耽误丈夫前程的罪名,可以纵情写作,儿女初长成,出落得灵秀不凡才华横溢,能同父母唱酬相和,上有高堂健在,下有儿女成群,玉树芳庭,书香满室,映着湖光山色,田园之趣,当真是快活至极。

沈宜修共有子女八男三女,其中名声最响亮的却是三个女儿,长女叶纨纨,次女叶小纨,三女叶小鸾,其中叶小鸾最得父母灵韵,文藻典丽,还未及笄就已经名满江南。

在这个时期,母女四人相互作诗应和,可谓尽享天伦之乐。

晓起

叶小鸾

曙光催薄梦,淡烟入高楼。远山望如雾,茫茫接芳洲。

清露滴碧草,色与绿水流。窥妆帘帷卷,清香逼衣浮。

听莺啼柳怨,看蝶舞花悠。兹日春方晓,春风正未休。

题琼章妹疏香阁

叶纨纨

朝霞动帘影，纱窗曙色长。起来初卷幕，花气入衣香。中有倾城姿，春风共迴翔。玉质倚屏暖，瑶华映貌芳。佳人真绝代，迟日照新妆。还疑琼姓许，独坐学吹簧。

沈宜修也为女儿们附韵：

题疏香阁·次长女昭齐韵

旭日初升榥，曈昽映绮房。梨花犹梦雨，宿蝶半迷香。轻阴笼霞彩，繁英低飘翔。待将红袖色，帘影一时芳。海棠还折取，拂镜试新妆。新妆方徐理，窗外弄莺簧。

题疏香阁·次仲女蕙绸韵

远碧绕庭色，参差映日明。竹间翠烟发，竹外双鸠鸣。径曲繁枝袅，嫣红入望盈。博山微一缕，烟浮画罗生。芳树清风起，飙飘落霰轻。

题疏香阁·次季女琼章韵

几点催花雨，疏疏入画楼。推帘望远墅，烂锦盈汀洲。昨夜碧桃树，凝云缀不流。朝来庭草色，挹取暗香浮。飞琼方十五，吹笙未解愁。次第芳菲节，琬琰知未休。

首首如诗如画，字字句句都恍如鹂鸟初啼，俏丽活泼。

叶绍袁辞官后，也加入了妻儿的行列，作了《秋日村居》：

地是柴村僻，门临荻野开。
远山堪入黛，曲水可浮杯。

远山黛色入目，手边却是曲水流觞，脚下是柴门闻犬吠，门边是荻野芳草香。这般天伦之乐的田园生活，才是叶绍袁和沈宜修夫妇一生所追求的——再多权势富贵也比不过与你执手天涯，再多声名地位也比不过素衣白裙粗茶淡饭。

然而，叶家这种世外桃源的生活并没有维持太久，随着大明江山的岌岌可危，叶家的小家命运也随之衰亡。

沈宜修最宠爱的幺女叶小鸾即将大婚，这原本是一桩喜事，但婚前五天，叶小鸾突然不起而卒，年仅十七岁。与叶小鸾感情深厚的长姐叶纨纨悲伤过度，两个月后亦随之而去。次女叶小纨强忍悲痛，写出杂剧《鸳鸯梦》投射出过往姐妹三人如在云端的快乐生活，但此时再回头看先前的喜怒哀乐，更觉悲伤难以自持。

两个心爱的女儿接连去世，对于沈宜修来说不啻毁灭性的打击。这种猝不及防的人间悲剧骤然降临，哪怕身边有叶绍袁宽慰，中年丧女的悲痛也难以释怀。

这种悲伤若真要用语言来描绘，便显得太过贫乏，只有真正为人父母之后，去小心翼翼地尝试想一想失去娇儿稚子的感受，才会觉得心如刀割，密密针扎。

沈宜修一生最大的主题便是隐忍和等待。隐忍婆婆的挑剔、丈夫的苦读、儿女的早夭，除去叶家的人与事，沈宜修牵挂的还有胞弟沈自征和女伴张倩倩，可张倩倩嫁给沈自征后，所生子女俱亡，自己也因病早逝，沈自征自此骑马仗剑走天涯，成为沈宜修半生的遗憾。

她的前半生在等待丈夫的回归，后半生则在悼念儿女的归魂。

她在家中望见的一草一木、一园一景，都曾和爱女一一走遍，留下词作诗篇。琴书画作，衣香犹在，绮窗无语。雪絮吟残，梨花梦杳，伤心千古。她只消看一眼，想一想，便触景生情，悲从中来。

她有一首怀念叶小鸾的诗作，读来最为悲凉，便是《夜梦亡女琼章》。

“东风夜初回，纱窗寒尚冽。徘徊未成眠，铜壶催漏彻”，东风夜，却不是辛弃疾笔下的花千树，沈宜修只觉纱窗外冷冽孤寂，独自于床榻上辗转不能成眠，更漏声声催，却始终睡不着。

“偶睡梦相逢，花颜愈皎雪。欢极思茫然，离怀竟难说”，偶然间梦中与爱女小鸾相逢，花颜玉容依旧，皎皎似白雪，一时开心到了极点却不知如何说起思念之情。在沈宜修的心中，故去的爱女小鸾恍如仙子一般，花颜如皎雪，雪虽洁白却极冷，以雪比喻，便可见这份花颜的冷和寂，与亡者相贴合。而在梦中遇见女儿，沈宜修竟有些情怯。

“但知相见欢，忘却死生别。我问姊安在，汝何不同挈。指向曲房东，静把书篇阅。握手情正长，恍焉惊梦咽”，欣喜之下忘却生死之别，殷殷问候次女叶小纨在何处，叶小鸾却笑而不答，只是微微笑着指向内室的东边，原来她的姐姐在旧日闺房里读书写字。

在梦中，沈宜修正要踏入房中与两个女儿握手谈心，却恍惚梦醒。

“觉后犹牵衣，残灯半明灭。欹枕自吞声，肝肠尽摧折”，醒来后，手中好似仍紧紧抓着小女儿的衣襟，睁开眼，手心却空空荡荡的，灯火半明半暗。面对此情此景，沈宜修回忆过往，独自面对红烛流泪，不由得肝肠寸断，却又怕惊醒家人，只能吞声流泪。

同为姑苏儿女，如果说徐灿的悲痛源自于家国的破灭，那么沈宜修最大的痛苦就是正当盛年之时接连痛失爱女。对一个母亲来说，失去骨肉是锥心之痛，想起平时子女围绕的欢愉，才更显如今落寞的凄冷。

仅仅是在三年后，沈宜修便郁郁而终。

在胞弟沈自征的记载中，因为沈宜修去世，当时“婢女哭于室，僮仆哭于庭，市贩哭于市，村妪、农父哭于野，几于舂不相、巷不歌矣”。

在爱妻、爱女纷纷离世后，叶绍袁不堪忍受尘世孤独之苦，抛家弃子隐居于汾湖。

叶绍袁必定也同沈宜修一样，无法承受这生命中最大的痛苦，只是沈宜修更早地抛却了俗世烦恼，与爱女相聚，叶绍袁则在孤独寂寞中，带着思念和追忆走完了最后的道路。

红尘百丈，相思苦忆，在大明王朝即将覆灭的最后一刻，在暴风雨来临前的唯一平静里，或许沈宜修的早早过世亦是上天对她的宽厚，令她不必经历国破家亡的穷途末路，不必看到骨肉同胞的头破血流。

满眼河山牵旧恨

徐灿

满江红·将至京寄素庵

柳岸欹斜，帆影外，东风偏恶。人未起，旅愁先到，晓寒时作。满眼河山牵旧恨，茫茫何处藏舟壑？记玉箫、金管振中流，今非昨。

春尚在，衣怜薄。鸿去尽，书难托。叹征途憔悴，病腰如削。咫尺玉京人未见，又还负却朝来约。料残更、无语把青编，愁孤酌。

徐灿是我的老乡，我们同出生于姑苏城，读她的诗作便有几分亲切感。

自古女诗人的字都极美，徐灿也不例外，她的字是湘蘋，“烟敛云收，依约是湘灵”的“湘”，“淑气催黄鸟，晴光转绿蘋”的“蘋”，婚后的她成为拙政园的女主人，她的诗集就名为《拙政园诗馀》。拙政园位于苏州的粉墙黛瓦，阡陌古巷之间，她的诗词却在这烟雨迷离中带着温婉缥缈的秀致和故国他乡的凄苦。

江南多文人，明代更是风流人物辈出的时代。著名的四大才子之一的唐伯虎也同样出自苏州。徐家是书香世家，徐灿的祖姑徐媛“多读书，好吟咏，与寒山陆卿子唱和，吴中士大夫望风附影，交口而誉之”。徐灿的父亲则是明末崇祯时期的光禄丞徐子懋，在《家传》中，徐子懋称赞爱女“幼颖悟，通书史，识大体”，是当时极其优秀的名门闺秀。

徐灿从小生活在姑苏城外的灵岩山，苏州人“彩丝艾虎”“屠苏争饮”的习俗，还有紫藤花灿烂盛放、小桥流水人家幽静的别样风景，都成为她一生之中最美好的回忆。

怀灵岩

支硎山畔是侬家，佛刹灵岩路不赊。尚有琴台萦藓石，几看宝井放桃花。

留仙洞迥云长护，采药人回月半斜。共说吴宫遗屧在，夜深依约度香车。

徐灿的家在支硎山畔，也就是现在的灵岩山，那里琴台藓石，桃花绿荫，采药人家多，吴越遗宫存，是个草木丰茂的佳处，即便是现代的苏州，灵岩山、虎丘也都是名声响亮的风景胜地，“到苏州不游虎丘，乃憾事也”。苏州的景色在徐灿的诗文中妙笔生花，“几曲栏塘水乱流，幽栖曾傍百花洲；采莲月下初回棹，插菊霜前独倚楼”“少小幽栖近虎丘，春车秋棹每夷犹”“金阊西去旧山庄，初夏浓阴覆画堂。和露摘来朱李脆，拨云寻得紫芝香。竹屏曲转通花径，莲沼斜回接柳塘。长忆撷花诸女伴，共摇纨扇小窗凉”，在这些诗作中，少女时代的徐灿常与女伴一同撷花采莲，摘果燃香，摇扇窗前。百花洲深处、虎丘山脚下、金阊画堂前，都一一留下小女孩们俏丽多姿的身影。

徐灿在苏州长到二十岁，才嫁到海宁陈家成为当家人陈之遴的继室。《家传》中记载：“素庵公原配沈夫人早逝，请继室于徐。时素庵公举孝廉三年矣。”

海宁陈家，名声响亮，金庸的武侠小说《书剑恩仇录》中男主角陈家洛亦出生于海宁陈家，陈家还是乾隆三次下江南的暂住之处。当时的海宁陈家显赫到了何种地步呢？《搏桑阁集·李夫人竹笑轩续集序》中记载：“吾邑僻处海滨，文章甲第相望，不名一家。自数十年来，推最盛者：曰陈氏，曰葛氏。”陈家并不是普遍意义上的财主，它书香传家，才子辈出，“文章甲第相望，不名一家”，陈之遴本人亦非常有才，他的诗文“雄浑清壮”，被赞为“七律才情飙举，实过梅村”。

陈之遴和徐灿着实非常般配，他们共同度过了新旧更替的国破家亡，咬牙挺过了大起大落的官场变迁，即便到后来，夫妻之间隔着不同的政治理念，也依然恩爱有加，两不相疑。

婚后，夫妇二人居于杭州西子湖畔，他们不仅在生活上很合拍，诗文唱和也十分默契。徐灿的《拙政园诗馀》正是由陈之遴亲手为爱妻收录编订的，他为徐灿写了序言，对两人的文采水平做了对比：“湘蘋爱余诗愈于长短句，余爱湘蘋长短句愈于诗，岂非各工其所好耶？”

徐灿认为陈之遴的诗作优于他的词作，陈之遴则认为徐灿的词比诗要好，夫妇二人各有千秋，彼此互补，闲暇时“赌书消得泼茶香”，伴着西湖四时风光，称一声神仙眷侣亦不为过。

陈之遴这样描述两人的婚姻生活：“侨居都城西隅，书室数楹，颇轩敞，前有古槐垂阴如车盖。后庭广数十步，中作小亭，亭前合欢树一株，青翠扶苏，叶叶相对，夜则交敛，侵晨乃舒，夏月吐华如朱丝。余与湘蘋觞咏其下……”他的《风流子》下阕也有描述：

当年为欢处，有多少瑶华，玉蕊迎眸。日夕题云咏雪，不信人愁。正密种海棠，偏教满砌，疏栽杨柳，略许遮楼。只道多情明月，长照芳洲。

姑苏城的西隅正是当年范蠡、西施归隐的太湖，日落时分的波澜壮阔水光金鳞，风起时刻的芦苇摇荡杨柳依依，湖光山色两相宜，云物朝夕殊态，当得起“上有天堂，下有苏杭”的美誉。

悲欢转眼，花还如梦，徐灿与丈夫陈之遴的这段梦幻生活，背后却是摇摇欲坠的家国。

提到明末崇祯，没有人会不记得这段内忧外患的艰难岁月，“天子守国门，君王死社稷”，大明在蒙古大军多次兵临城下的威胁下，宁死不迁国都。

在这样的环境下，才华出众的陈之遴却遭受了人生中的第一次打击——他的父亲因失职而被问罪，却在狱中服毒自杀逃避刑罚，崇祯皇帝迁怒于陈之遴，下旨“永不叙用”。

曾经生活在百花盛开一样美好生活中的徐灿，第一次感受到了世事的不可预料，在返回海宁陈家后，她写下了隐含愁绪的《到家》：

朱栏曲曲隐妆楼，到日重牵别日愁。
羞向海棠悲老大，不禁红泪对花流。

朱栏内，妆楼外，愁绪满肠，原本不愿向院中依然盛开的海棠提起伤心之处，却忍不住面对着花红柳绿流下眼泪。心思敏感的徐灿在这场变故中，隐约意识到了灾难的来临，此番之后，她彻底与过去美好温馨的岁月作了告别。

回归海宁后，明朝才真正迎来灭国的危机，陈之遴在《拙政园诗馀》的序中曾感叹说：“毋论海滨故第化为荒烟断草，诸所游历，皆沧桑不可问矣。”海宁陈家的故居因疏于打理而荒草杂生，简简单单的“沧桑”二字，道不尽千言万语的感慨和惆怅。徐灿也在词中说“采莲沼，香波咽。斗草迳，芳尘绝。痛烟芜何处，旧家华阅”，江南芳华之地，被蒙古强兵践踏摧残，原本的采莲池沦落成无人问津的沼泽，连绵不绝的芳草绿茵如今花草绝迹，旧日精致楼阁只剩断垣残壁。

明末清兵入关，对江南文化的伤害极大，更有“扬州十日屠城”的惨况，可与近代史的“南京大屠杀”相提并论。扬州仅仅是江南的一座城池，徐灿所居住过的苏州、海宁更不可能安然无事，只是没有惨烈如扬州这般为历史铭记。

听闻了“扬州十日屠城”之事，徐灿才真正感受到即将亡国的悲凉和绝望。过去在史书和典籍中读到的绝笔之作，在此刻方显现出背后的血泪。有些事，唯有经历过，才能切身体会到其中的深刻感情。

悲愤交加的徐灿在灭顶之灾即将到来之时，在四处避难中写下了《青玉案·吊古》：

伤心误到芜城路，携血泪、无挥处。半月模糊霜几树。紫箫低远，翠翘明灭，隐隐羊车度。

鲸波碧浸横江锁，故垒萧萧芦荻浦。烟水不知人事错。戈船千里，降帆一片，莫怨莲花步。

面对同胞的惨死，徐灿只能含着血泪将痛苦咽下，在这样的惨境下，曾经圆满的月亮也仅剩模糊的半轮，紫箫低远，翠翘明灭，只能隐隐看到羊车走过。碧波依然万顷，芦苇花丛却显得萧索荒凉，这一片江南烟水亘古不变，不曾知晓人事变迁，亦不曾知道有战船蹚过流水，江上只竖起降帆一片，又怎么能怨怪它渡了敌船呢？

徐灿的词作中隐含着“花自飘零水自流”的惆怅，战争的到来便如同鲜花的凋落，无可控制，亦无可抵挡。敌军翻越山川与河流，更不能怨怪山水。朝代的兴衰更替，原本历代就是如此。

唐朝“安史之乱”时，李贺曾写过这样一句诗“空将汉月出宫门，忆君清泪如铅水”，诗名为《金铜仙人辞汉歌》，是他目睹战乱中帝王狼狈出逃、百姓流离失所写下的。诗中的金铜仙人高二十丈，大十围，是汉武帝在世的时候命全国的能工巧匠打造而成。魏明帝景初元年，它被拆离原地运往洛阳，因其自身重量过于庞大，最后被留在霸城。“铅水”指的是铜人流下的眼泪，铜像原本是不会说话不会流泪的，但在诗人的笔下，这座毫无生气的铜像目睹着山河破碎，烽烟四起，不由得潸然泪下。

亡国之痛，古来同心。

事实上，我对于明朝怀有很大的好感，虽然明朝的许多帝王不务正业，思想离奇，但于气节一事上，远胜过历朝历代。绍武和正统在战场上被俘却宁死不屈，隆武皇帝则战死沙场绝不退却，更不用说后来的崇祯坚守都城绝不逃离，至死殉国。明朝的百姓也同样铁骨铮铮，不管是遭遇“扬州十日屠城”还是“嘉定三屠”，抵抗外敌入侵的决心和意志从未有一丝一毫的减退，甚至在此之后，依然抗争到底，坚持“留头不留发，留发不留头”，多少读书人誓死不愿留发梳辫，这不仅仅是书生意气，更是民族气节。

徐灿对同样遭遇亡国之痛的女诗人王清惠是极为推崇的，在崇祯皇帝自尽，清兵入关后，她步韵王清惠，写下了另一首《满江红》：

一种姚黄，禁雨后、香寒失色。谁信是、露珠泡影，暂凝瑶阙？双泪不知笳鼓梦，几番流到君王侧。叹狂风、一霎剪鸳鸯，惊魂歇。

身自在，心先灭。也曾向，天公说。看南枝杜宇，只啼清血。世事不须论覆雨，闲身且共今宵月。便姮娥、也有片时愁，圆还缺。

王清惠写太液芙蓉不似旧貌，徐灿便写傲世牡丹香寒失色，过往种种繁华，不过是露珠泡影，笳鼓声中，狂风起处，鸳鸯好梦已被惊破。对于如今的徐灿来说，她和夫君陈之遴虽然还安然无恙地活着，但在四处避难之间，身虽自在，心内之火却已熄灭，曾经的碧草暖春，如今只能看到杜鹃啼血，声声清泪。

人生如飞絮，国破家亡之后，每个人都如无根之浮萍，故国茫茫，扁舟何许，不知去往何方。

清朝的政权很快在明朝百姓的浩荡哭泣中建立起来，朝代的更迭从来不会因为恸哭而暂缓脚步。陈之遴在《拙政园诗馀》的序中写道“寻以世难去国，绝意仕进”，作为一名旧朝的进士，陈之遴此举是受到不少文人学子推崇的，许多汉人学士都拒绝接受清朝皇室的邀请，不愿再出仕为清朝做事。

可仅仅是在陈之遴写下这句话的两年后，顺治二年，陈之遴就食言了。他降清出仕，重新前往京城任职。

对于陈之遴的选择，或许是可以理解的。崇祯时期，他大好前程因父亲的自杀而无辜受牵连，明朝没能给予他恩，又怎能要求他守节？从他的摇摆不定中可以看出，陈之遴的内心或许也是矛盾的，在困守故国和重新出仕之间左右挣扎。汉武帝时期，在《李陵答苏武书》中有这样一句话：“陵虽孤恩，汉亦负德。”对陈之遴来说，或许也是如此。三十而立，先成家后立业，成家已久，陈之遴却还未体会立业的满足感。

夫君在矛盾中徘徊，徐灿亦是。对于降清，徐灿是不赞同的，她在自己的词作《踏莎行·初春》中写道“晶帘宛转为谁垂？金衣飞上樱桃树”，便暗指陈之遴重披金衣，择木而栖，后来又写“碧云犹叠旧山河，月痕休到深深处”，则是在劝阻陈之遴不要前往京城，碧云还在旧日山河上徘徊，月光又怎么能照到新的地方去呢？

在陈之遴前往京城任职后不久，徐灿便带着子女随之上京。

在等待相聚的过程中，陈之遴欣喜又忐忑，他写：“梦里君来千遍，这回真个君来。羊肠虎吻几惊猜，且喜馀生犹在。旧卷灯前同展，新词花底争裁。同心长结莫轻开，从此愿为罗带。”他与徐灿当真是夫妻情深，仅仅短暂分别，梦中也牵挂千百遍，可他写这首词，也带着小心翼翼的讨好，他深恐徐灿因他降清出仕而离开他，所以他先写旧时他们在灯下同看书卷，现在写了新词在花前共同探讨，末句更说“同心长结莫轻开，从此愿为罗带”，仿佛是在认错说“往后都听你的”。

深爱陈之遴的徐灿还能如何呢？她不能埋怨夫君，虽不认同他的举动，但夫妇结缡，不离不弃，徐灿依然选择充当陈之遴背后的贤内助，义无反顾地追随上京，只是在途中，她的悲伤难遣始终郁结于心，只得寄托在笔端。

永遇乐·舟中感旧

无恙桃花，依然燕子，春景多别。前度刘郎，重来江令，往事何堪说。逝水残阳，龙归剑杳，多少英雄泪血。千古恨、河山如许，豪华一瞬抛撇。

白玉楼前，黄金台畔，夜夜只留明月。休笑垂杨，而今金尽，秾李还销歇。世事流云，人生飞絮，都付断猿悲咽。西山在、愁容惨黛，如共人凄切。

桃花依然灿烂盛开，燕子仍春来秋去，山河依旧，国已不再。“前度刘郎，重来江令，往事何堪说”，化用了刘禹锡的“玄都观里桃千树”及“前度刘郎今又来”。重新踏上前往京城的道路，徐灿却只觉得往事不堪言说，那碧波荡漾的湖水只是“逝水”，满江红日只是“残阳”。“龙归剑杳”则用了张华、雷焕因斗牛间常有紫气，于丰城掘得双剑，两人卒后，双剑合归延平津，化为双龙蟠萦水中的传说，意为缅怀崇祯皇帝离开人世，足下暂得安稳的热土流淌着多少大明军士的血泪汗水。

遥想当年，大明的宫殿白玉栏杆黄金台，夜夜明月流光照，而如今，垂杨金尽，秋李销歇。人世间的变化起伏如同流云飞絮，都在猿猴悲鸣呜咽中一并断送。曾经欢声笑语的西山仍在，如今却是愁容惨黛，今非昔比了。山川不变，绿水长流，唯有人事代代变迁。

“黄金台”三个字同样让人想起李贺的“报君黄金台上意，提携玉龙为君死”，事实上，李贺前半生的人生轨迹同陈之遴极度相似，出身官宦世家，却因为父辈的牵连而无法入仕，随即又迎来盛唐最大的变革——“安史之乱”。元和四年，王承宗叛乱，叛军进攻易定二州，将军李光颜身先士卒，率兵誓死抵抗叛军进犯，正是这句诗的出处。徐灿写下“黄金台”的时候，必然也想到她的同胞亲人们慷慨激昂、逆境奋战，为了报答国君，抵御清兵，宁愿血战到死不回头，也毫不后悔。

徐灿的内心是从不肯对清廷低头的，只是她舍不得陈之遴。

抵达京城后，面对陈之遴的喜出望外，徐灿的悲伤和愤恨早已说不出口。她又为《永遇乐·舟中感旧》作了续篇。

风流子·同素庵感旧

只如昨日事，回头想、早已十经秋。向洗墨池边，装成书屋，蛮笺象管，别样风流。残红院、几番春欲去，却为个人留。宿雨低花，轻风侧蝶，水晶帘卷，恰好梳头。

西山依然在，知何意凭槛，怕举双眸。便把红萱酿酒，只动人愁。谢前度桃花，休开碧沼，旧时燕子，莫过朱楼。悔煞双飞新翼，误到瀛洲。

写下这首词的时候，陈之遴的升迁之路正走得一帆风顺，因为他才华出众，能力过人，很快成为清廷的新贵，任职弘文院大学士加太子太保，可谓权倾朝野。徐灿也加封一品夫人，随之受到了贵妇们的欢迎和讨好。

瀛洲相传为东海三座仙山之一，另外两座是蓬莱和方丈。世人皆传“人间有仙境，得道在蓬莱”，既然是得道成仙的地方，古往今来得道成仙者屈指可数，可见这三座仙山，都是高不可攀的。

徐灿笔下的“瀛洲”无疑指的是来到京城后过上的富裕生活。

“几番春欲去，却为个人留”“悔煞双飞新翼，误到瀛洲”这一前一后的两句，将徐灿的心声道得分明，她的来来去去，只为陈之遴一个人，而不是向新朝低头，可当她真的做出陪伴夫君的艰难决定后，在这里享受着的荣华富贵都教她深深懊悔。

两首姊妹篇的词作得到了许多名家的交口称赞，晚清词人朱孝臧有评价说：“双飞翼，悔煞到瀛洲。词是易安人道韫，可堪伤逝又工愁，肠断塞垣秋。”

徐灿从未因为陈之遴的权势变化而更改过心意，她对大明的热爱和眷恋都埋藏在夫妻恩爱之间，化作心里的一根暗刺，时时作疼。

但陈之遴与徐灿表面安宁的生活并没有过得太久。在其后的岁月里，陈之遴的仕途起起伏伏，他曾被弹劾“植党营私”“恃权豪纵”“下吏部严议，命以原官发盛京居住”，不久又“复命回京入旗”，几年后，“鞫实论斩，命夺官，籍其家，流徙尚阳堡”。

这一次，陈之遴再未在官场翻身，全家都因罪流放辽宁。事实上，陈之遴、徐灿都非常明白，这些罪名都不过是政治倾轧之间的借口，官场险恶，有得有失，陈之遴以一介汉人的身份力排众议成为满族的高官，原本就不可能清清白白。他坐得上高位，便也该预料终有跌落的一天。

“风沙满鬓人非昨，道路经时岁已阑。”陈之遴被流放时，他的友人吴伟业满怀唏嘘地写了《赠辽左故人八首》，其中有一句“生儿真悔作公卿”，令人闻之鼻酸。

在辽宁流放期间，陈之遴坦然编纂了自己的作品集《浮云集》，“浮云”短短二字，足以道明他未尽之语。

不久，陈之遴便在流放的戍所中过世了。

从流放伊始，徐灿的生活便非常艰苦，《重刻拙政园诗集题词》中说她“身际艰虞，流离琐尾，绝不作怨诽语”，即便一生大起大落、颠沛流离，她从未有过一丝抱怨之语。甚至在流放期间，她所作的诗篇没有一字一句留给后人，“虽吟咏间作，绝不以一字落人间矣”。

徐灿谨慎又小心，清朝文字狱盛行，她不能也不愿留有话柄，再害了自己的子孙后辈。

陈之遴死后，徐灿直到康熙年间才得以回到京城。《清史稿》中记载：“之遴得罪，再遣戍，徐从出塞。之遴死戍所，诸子亦皆殁。康熙十年，圣祖东巡，徐跪道旁自陈。上问：‘宁有冤乎？’徐曰：‘先臣惟知思过，岂敢言冤？伏惟圣上覆载之仁，许先臣归骨。’上即命还葬。”

当时被康熙传召的罪臣家眷并不止徐灿一人，可最后，唯有徐灿获准为陈之遴扶柩南归。直至此刻，再去想她曾写过的“竹屏曲转通花径，莲沼斜回接柳塘。长忆撷花诸女伴，共摇纨扇小窗凉”，只觉得万分凄凉。这个曾经那样明媚多姿的少女，在岁月磨洗和朝代更迭的巨大变革中，一点点地被磋磨成了谨小慎微的犯官之妇，这期间数十载光阴，似乎很长很长，长到她仿佛已更换了整个人生。

南归后，郁郁寡欢的徐灿仅留下简约的七言诗《感旧》。

（一）

人到清和辗转愁，此心恻恻似凉秋。

阶前芳草依然绿，羞向玫瑰说旧游。

（二）

丁香花发旧年枝，颗颗含情血泪垂。

万种伤心君不见，强依弱女一栖迟。

这两首《感旧》似乎已不用翻译便能感受到其中的悲绝。

此时的徐灿已垂垂老矣，心中却没有年老后的祥和与温情，只觉得心中恻恻如凉秋。经历了这许多变故，阶前的芳草依然翠艳欲滴，浑然不知江山已改，故人早亡。丁香花的旧枝生了新芽，如同含着旧日深情，可“年年岁岁花相似，岁岁年年人不同”。写到这里，徐灿唏嘘又长叹：“我纵有千万种伤心悲痛，你都看不到了啊！”

陈之遴与徐灿这一生，哪怕是政见相左，哪怕是立场不同，依然茕茕相守，此情不渝。无论是结缡、隐居还是被黜、流放，只要陈之遴还在，她便心有安处，可随着陈之遴的离世，她终此一生，再无依恋。

留下这份对俗世最后的眷恋，徐灿自此遁入空门，将所有过往抛诸脑后。

佛说，人生有八苦，生、老、病、死、怨憎会、爱别离、求不得、五阴盛。千般恩怨，百种滋味，徐灿已一一尝遍。

“南朝四百八十寺，多少楼台烟雨中。”多少刻骨铭心，多少缺憾遗恨，她都拂一拂僧袍衣袖，尽数带走。

有情自有天地

王微

西陵怀谭友夏

西陵桥下水泠泠，记得同君一叶听。
千里君今千里我，春山春草为谁青？

“草衣家住断桥东，好句清如湖上风。”

这一句是“秦淮八艳”之首柳如是的夫君钱谦益所写，称赞的是号为草衣道人的王微。

王微在当时是与柳如是齐名的才女，时人将两位才貌双绝的佳人比作西湖两岸，各有千秋，风貌绝佳。

钱谦益这句写王微的诗作中还有下一句：“近日西陵夸柳隐，桃花得气美人中”，这一句则是柳如是的手笔，是她对王微的惺惺相惜。

在明末的洪波浪潮中，江南的风雅名妓们命途坎坷，而王微是唯一善始善终的一位。

王微比柳如是早生了约二十年，她声名之盛，在当时远远高于柳如是，被称赞为“名满江左，秀出仙班”，后辈女诗人王端淑在其所著《名媛诗纬》中评价她“不特声诗超群，品行亦属第一流”。而柳如是的夫君钱谦益则赞其“皎洁如青莲花，亭亭出尘”。

王微生性爱书，比书籍更得她心的是天地山水。钱谦益在《列朝诗集小传》中提及王微喜好游览山水：“布袍竹杖，游历江楚，登大别山，眺黄鹤楼、鹦鹉洲诸胜，谒玄岳，登天柱峰，溯大江……”我想她与醉心山水的萧统如若相识，定然会成为知音，王微的一生几乎都奉献给了大江南北的迥异风光，她比萧统幸运，也比萧统豁达。

年少因家贫而坠入风尘的王微，在红尘滚滚之中，很快结识了意气风发的少年才子茅元仪。茅元仪胸怀热血报国之志，更像武侠小说中侠骨柔肠的剑客，他喜好阅读兵法，通晓古今用兵之方略，对柔弱女子更怜其遭遇，敬其才华。

茅元仪很快便将王微赎回家中纳为妾侍，但这并不是他第一个才貌双全的妾侍。事实上，他有一个同样出身青楼却才貌双全的美妾杨宛。茅元仪对待杨宛是与众不同的，虽然她仅仅是一名妾，但茅元仪不仅为她编写诗集，还在序中称她为“内子”，称赞她“能读书，工小楷，其于诗，游戏涉猎，若不经意，鲜润流利”。

杨宛本身亦是出口成章，文采斐然，她尤其擅长吟诵花鸟树木，辞藻端丽，文风华美，又兼之笔触细腻，才华丝毫不在王微之下。如这首《金人捧露盘·咏秋海棠》：

记春光，繁华日，万花丛。正李衰、桃谢匆匆。侬家姊妹，妖枝艳蕊笑东风。薄情曾共，春光去、惆怅庭空。

到如今，余瘦影，空掩映，夕阳中。珠露点、试沐新红。断肠何处，含芳敛韵绮窗东。好秋谁占，小池畔、休放芙蓉。

王微早在先前便与杨宛隔空有诗词往来，嫁入茅家后，命运相近的两位才女很快成为至交好友。

原本，王微本该如杨宛一般，安心居于茅元仪的后院中，吟诗作画，红袖添香。可仅仅在数年之后，王微便向茅元仪请求离家南下，自请下堂。家境贫微、出身风尘，如今好不容易嫁入大户人家，锦衣玉食，且有佳夫良友，王微为何要远走呢？或许从她离开后的诗词中可以隐约窥见缘由。

冬夜怀宛叔

寒灯怯影黯疏帏，霜月留魂露未晞。

我梦到君君梦我，好迟残梦待君归。

怀宛叔

不见因生梦见心，自愁孤枕与孤吟。

如何永夜曾无寐，悔向湖边独独寻。

宛叔便是杨宛的字，王微离开后，曾写下多首思念杨宛的作品，对于曾经的夫婿茅元仪，却甚少提及，未曾说他好，亦未曾说他坏。一句“我梦到君君梦我”，说明这期间，王微与杨宛从未中断过书信往来，杨宛对于好友的思念之情亦是相同。既然同为妾侍，两人之间亲如姐妹并无嫌隙，那么，王微的离开只能是因为茅元仪。

怜香惜玉的茅元仪将王微和杨宛如同金丝雀一般豢养在家中，两个年少命途多舛的女孩儿面对命运的态度却截然不同。杨宛身处在茅元仪精心打造的蜜罐中，仿似一株温室的兰花，王微则不同，她向往名山大川的壮阔，渴望独立自由的人生，她不愿自己的未来被禁锢在四方的天地之间。

于是，王微洒脱地挥一挥衣袖，走了。

离开茅元仪的王微告别了出生地扬州的风花雪月，选择在西湖边隐居。许多文人雅士都曾居住在西湖边，这里的湖光山色动人，四季更迭有如仙境。王微便在此自号为草衣道人，开始了她的自在生活。

王微在西湖边的生活和她的本家王维有相似之处，心平气和，少了人间的烟火味，多了清冷孤高的寂寞。她在居所附近遍植梅花，自诩心志如梅花清洁傲寒。

心性如梅，诗意亦如梅，王微的诗中有一种与生俱来的平静，这种平静落在仙姿玉貌的妙龄女子身上，便有了一种无与伦比的吸引力。

诗人谭元春便被这吸引力深深醉倒。

谭元春与茅元仪性情大为不同，《明史》中评价他和钟惺的作品为“名满天下，谓之竟陵体”，可就是这样一个名满天下的才子，也有一份与古往今来的失意书生相同的忧愁——科举不中，屡试屡败。

于是，失意的谭元春游历至西湖边，遇见了皑皑如白雪的王微。

两个同样含蓄的诗人，小心翼翼地以诗作试探对方的心意，如隔水观花，遥遥致意。

谭元春写道：“不用青衫湿，天涯沦落同。前夜三弦客，一声霜露空。”

王微则回应：“去去应难问，寒空叶自红。此生已沦落，犹幸得君同。”

谭元春和王微共同借用了白居易在《琵琶行》中的名句“同是天涯沦落人，相逢何必曾相识”，而王微的回应则是说，彼此一同流落至此，所幸此生还能与你同路。

王微的平静孤冷下，掩饰的同样是失意。她没有家人，没有亲眷，失去丈夫，失去好友，孤身隐居在此，更像是一只幼兽独自舔舐伤口的自卫。

而谭元春在同病相怜的忧郁中，捕捉到了她坚硬如冰的外表下那一颗柔软的心。

于是，谭元春在王微的世界里登堂入室。

王微将自己的诗作一一交付与谭元春，请他品鉴和作序，谭元春此时正是情到浓时，不假思索，便提笔写了一段短文：

“己未秋阑，逢王微于西湖，以为湖上人也。久之复欲还苕，以为苕中人也。香粉不御，云鬟尚存，以为女士也。日与吾辈去来于秋山黄叶之中，若无事者，以为闲人也。语多至理可听，以为冥悟人也。人皆言其诛茅结庵，有物外想，以为学道人也。尝出一诗草，属予删定，以为诗人也。诗有巷中语、阁中语、道中语，缥缈远近，绝似其人。荀奉倩谓‘妇人才智不足论，当以色为主’，此语浅甚，如此人此诗，尚当言色乎哉？而世犹不知，以为妇人也。”

情人眼里出西施，谭元春对王微诗作的评价却很公允，她的诗中有“巷中语、阁中语、道中语”，缥缈远近，绝似其人。更难能可贵的是，谭元春对茅元仪的存在心知肚明，却依然尊敬、喜爱王微，“久之复欲还苕，以为苕中人也”一句便是证明。茅元仪常被称为“苕上茅止生”，“复欲还苕”指的应当是返回茅家，王微在与谭元春相识后，定然回过茅家，谭元春患得患失，担心她回到茅元仪的怀抱，重新成为“苕中人”，可最终不是，王微很可能仅仅是探访故人。

其实，王微探望茅元仪，原本可不必告知谭元春，可是她大方磊落地说了，不仅将过去的事坦然呈现在谭元春眼前，更表明了如今清白无畏的态度。

她有一种“清者自清”的傲世之态，她深信谭元春知她懂她，不会误解于她。

果然，谭元春真的是懂她的，他依然为她的风仪所倾倒、折服。

情到浓处，王微却忘了最重要的一件事，谭元春因科举失意来此，终将会因科举而再度离开。

次年科举开试，谭元春不得不暂别王微，重新踏上去往京城的路途。

王微作词为他送别。

忆秦娥·戏赠谭友夏

闲思遍，留君不住从君便。从君便，石尤风疾，去心或倦。

未见烟空帆一片，已挂离魂和梦断。和梦断，翻怨天涯，这回重见。

王微的送别词是别具一格的，她没有隐忍地将挽留藏起来，反而明明白白地写在诗中，“留君不住惟君便”，留不住你只能任你离开，可真的任你离开了，只觉心中一片倦怠。还未真正送别谭元春，她的心魂便已似远去的白帆，一并离去了。

王微是怨恨分别的，可她并未怨恨谭元春，只是埋怨命运为何要让两人相遇。她一贯是冷静的、自制的，所以即便是离思满腹，也只说“戏赠”，而谭元春懂她，不曾说破。

然而谭元春终其一生都不曾摆脱这份失意。他越是迫切想要中举，就越容易与之失之交臂，一年复一年，他考了一次又一次，仍没有任何喜讯传来。

而西湖这边，王微也等候了一年又一年。

“西陵桥下水泠泠，记得同君一叶听”，西陵桥下流水潺潺，犹记得与君同听的情景；“千里君今千里我，春山春草为谁青”，如今你我相隔千里，这漫山遍野的春山春草又是为谁而变得苍翠欲滴呢？王微将自己比作“春山春草”，又一年春风时节，草长莺飞，万物复苏，而她这一刻等待的心却依然冰封千里，不曾解冻。

谭元春再也不曾回来过，他也无法再回来，因为劳劳碌碌地赶考、郁郁不得志地愤懑，令他在奔波之间病亡在赶考路上。

孤独的王微再一次成为孤家寡人，只是这一次，她生命里的又一位挚友，乘着门泊东吴的万里船，来到了西湖之畔。

王微的这个忘年之交，就是秦淮八艳之一的柳如是。

柳如是与她的蓝颜知己钱谦益此刻也来到了杭州，王微年长柳如是二十余岁，但与钱谦益年纪相仿，三人兴趣爱好一致，相谈之间有相见恨晚的默契。

钱谦益更称赞王微与柳如是“今天下诗文衰熸，奎壁间光气黯然。草衣道人与吾家河东君，清文丽句，秀出西泠六桥之间”，河东君指的是柳如是，草衣道人便是面前的王微。

柳如是的到来不仅给王微孤寂的生活增添了一丝慰藉，还给她带来了一个悲喜交加的消息：茅元仪已经亡故，杨宛却投奔了茅元仪的仇敌国舅田弘遇。钱谦益对杨宛的作风十分不满，甚至还写在文中：“宛多外遇，心叛止生。止生以豪杰自命，知之而弗禁也。止生殁，国戚田弘遇奉诏进香普陀，还京道白门，谋取宛而篡其赀。宛欲背茅氏他适，以为国戚可假道也。尽橐装奔焉。”他亦评价说，“宛与草衣道人为女兄弟，道人屡规切之，宛不能从。道人皎洁如青莲花，亭亭出尘，而宛终堕落淤泥，为人所姗笑，不亦伤乎！”

王微听说此事后，唏嘘不已。

茅元仪和杨宛对她来说仿佛已经是上辈子的人和事。再想到茅元仪对杨宛的看重和爱恋，王微只觉得心情复杂难言。这也是为何她与杨宛之间起初来往热烈，愈到后期，就愈冷清。朋友之间，道不同不相为谋，杨宛与她终究志趣相悖，杨宛追求的是舒适美好的物质生活，王微向往的则是丰富雅致的精神世界，格局不同，眼界亦不同。

茅元仪、谭元春的相继离世，杨宛的变节偷生，仿佛令王微彻底与过去稚嫩的自己做了了结，她也可以坦然放下所有牵挂，继续她的旅程。

告别了偶然落脚西湖的柳如是和钱谦益，王微重新收拾行囊，开始游历江南。

在苏州百花盛开之处，她遇见了她此生的心安之处——诗人许誉卿。

或许许誉卿不该称为诗人，应当叫作谏言直臣。

此时正是明末崇祯年间，众所周知，崇祯时期最大的一个祸端便是宦官魏忠贤当道，淫威之下，许多臣子敢怒不敢言。而许誉卿不管不顾，多次直接上书崇祯皇帝，“论忠贤大逆不道”“不为早除，必贻后患”。这般敢言，怎么可能不受到魏忠贤的报复？许誉卿在官场起起伏伏，多次被罢黜又被复用，但他铆着一股不服输的为国为民的精神，死磕到底。

许誉卿因为刚正敢言，受到了钱谦益的极力推崇，王微的洁身自好和风姿仪态，也正是许誉卿所喜爱的。于是，在外漂泊了近二十年的王微，终于在许家落地生根。许誉卿待王微十分好，虽然王微出身风尘只能为妾，但许誉卿对她“礼同正嫡”，甚至为她在母亲面前说话，令许母不仅接纳了王微的存在，还对她格外信重。

许誉卿母亲的这种信重或许只是一片慈母心的无奈，许誉卿的性情实在太过刚直，她期望王微的出现能让他变得柔软和胆怯一些，至少不要为了谏言不惜身家性命。

或许有人会问，许誉卿这样明着与权臣作对，为什么还能全须全尾地活着呢？

其实魏忠贤也怕，如果许誉卿只是暗中反对，那他大概早已命丧黄泉，可他声势越大，举动越直接，魏忠贤越不敢杀他，甚至还要保护好他。万一许誉卿死了，崇祯皇帝第一个怀疑的必然是他，何必要招此冤枉之祸？

所以，许誉卿歪打正着地安然存活下来，还抱得了王微这样的绝代佳人归。

王微冰雪聪明，很快就明白了许母的用意。对于许母的观点，她也是认可的，许誉卿太过刚正不阿，过刚易折的道理她亦懂得。

果然没过多久，许誉卿又在酝酿下一次的谏言上书，王微百般思量之下，先用小计谋令许誉卿无法上书——她将卤汁掺进了许誉卿的墨汁中，使得许誉卿的奏章在夏日炎炎中变质而无法阅读。

但这样的小伎俩不是长久之计，于是王微又规劝许誉卿说：“君方炎烈，臣尽披靡，衮衮诸公，皆一丘之貉。堂堂七尺，何必虚捐。”

王微的意思是，你是熊熊烈火，想将污垢都燃烧殆尽，可朝野上诸公诸臣，尽是一丘之貉，你就算是烧尽自己也不过是飞蛾扑火，无济于事。

已是不惑之年的许誉卿终于听从了一次家人的劝告，携着高堂爱妾归隐杭州。

许誉卿和王微的归隐避开了大明国破的悲壮，也避开了无数读书人是否变节的考验。左右许誉卿早已辞官归隐，便不存在降清与否的区别。

钱谦益却降了，他不仅降清出仕，还多次来信邀请许誉卿再度出山。

试想，许誉卿这样面对权臣魏忠贤亦面不改色，一心一意只为大明江山的谏臣，怎么可能会答应钱谦益的邀请？但他不愿损伤了知己之间的交情，始终不作回信。

他百般辗转反侧，夙夜不能寐，王微忍无可忍，以自己的身份给柳如是写了一封书信，阐明了她与许誉卿的态度。

自此，钱谦益才终于作罢。

王微就这样与许誉卿在杭州的山水之间泯灭了踪影，这是她一生的梦想，也唯有许誉卿放下自己的刚直，陪伴她完成了梦想。

好景不与人长，仅仅是在大明覆灭的三年后，王微便过世了。

此时的王微已近六十，可以称得上是善终。许誉卿则活得更长久，直至康熙年间，亦有人受帝命邀请他出仕，但许誉卿不愿在最后晚节不保，选择了出家为僧，与王微的芳魂相依相伴。

在世之时，王微在自己的《樾馆诗》中写过一段序言：

“生非丈夫，不能扫除天下，犹事一室。参诵之余，一言一咏，或散怀花雨，或笺志水山；喟然而兴，寄意而止。妄谓世间，春之在草，秋之在叶，点缀生成，无非诗也。诗如是，可言乎？不可言乎？”

她虽然生而为女子，遗憾不能参与天下大事，可寄情山水、感怀四季，她内心广阔的天地在于自然和生命。这同身为男子，心系百姓的人是不谋而合的。

“梨花似雪草如烟，春在秦淮两岸边；一带妆楼临水盖，家家粉影照婵娟。”

桨声灯影，江南旧梦，在明末清初名妓们清丽绝艳的身影中，唯有王微飘逸出风尘，她的忘年之交柳如是本愿殉国却为乡野村夫逼死，寇白门侠气救夫君……最终都死于非命，无一善终。

春之在草，秋之在叶，而王微的鲜活在于她始终坚守本心。

她像是一条途经大明王朝的河流，静涌无波，只隐隐流光跃金，折射出些微的粲然。

一

贫病不掩绝艳

清

贺双卿

凤凰台上忆吹箫

寸寸微云，丝丝残照，有无明灭难消。正断魂魂断，闪闪摇摇。望望山山水水，人去去隐隐迢迢。从今后，酸酸楚楚，只似今宵。

青遥，问天不应，看小小双卿袅袅无聊！更见谁谁见，谁痛花娇？谁望欢欢喜喜，偷素粉写写描描。谁还管，生生世世，夜夜朝朝。

贺双卿大约是历代女诗人中最底层的一个。

我万分喜爱双卿这个名字，但她得名于此，却是农户出身的父母脱口而出的结果。因为长姐名卿卿，她便叫双卿。

贺双卿有一位在学堂教书的舅舅，这成为出身贫寒的她启蒙的最初。年幼的她趴在窗户边旁听，一听就是三年。

大多数女诗人出身于官宦世家或是书香门第，优越的家庭教育给了她们最好的诗词启蒙，可贺双卿没有。她的父母是信奉

"女子无才便是德"的白丁，目不识丁的庄稼户。贺双卿一到及笄的年纪，父母便喝令她不得再去学堂旁听，回到家中干活补贴生计。

贺双卿并没有就此放弃她对诗词歌赋的热爱，在做针线活之余，她悄悄填词作诗拿去给舅舅品鉴，又向疼爱她的舅舅借来学馆的书籍翻阅。因为她过目不忘，灵巧敏捷，在作诗一途上突飞猛进的同时，针线手艺也格外出色。父母不疑有他，便放松了对女儿的看管。

这段时光是贺双卿人生中最快乐的时刻，她过得充实且忙碌，可以自由地吟诗作对，享受其中的细腻与婉约。针线女红是女孩子赖以为生的手艺，对贺双卿这样靠嫁人改变命运的贫苦姑娘尤其如此，她学诗刺绣两不误，足见其天赋聪颖。

诗词仅仅写给舅舅一个人欣赏，实在是一件无趣的事。于是贺双卿找到了她的第二个读者——邻家姑娘韩西。

韩西是个单纯的少女，对于能够作诗写词的贺双卿有一种近乎盲目的崇拜，她不仅爱听贺双卿念诗，还时常给她带来亲手做的美食。两个闺中密友在女红的遮掩下偷偷地交流着诗词歌赋，十分快活。

贺双卿为此特意写了一首词赠给韩西，正是那首《凤凰台上忆吹箫》。

"寸寸微云，丝丝残照，有无明灭难消。正断魂魂断，闪闪摇摇"，微云一寸寸，灯火一丝丝，贺双卿的心情便恍如这明明灭灭的烛光，闪闪烁烁。这一句虽然是写景，却无限凄婉。

"望望山山水水，人去去隐隐迢迢。从今后，酸酸楚楚，只似今宵”，山水迢迢，一朝远去，从今往后，思念你的酸楚心情一如今日。

“青遥，问天不应，看小小双卿袅袅无聊！更见谁谁见，谁痛花娇？谁望欢欢喜喜，偷素粉写写描描。谁还管，生生世世，夜夜朝朝”，下半阕则是贺双卿的自怜，她自称“小小双卿”，自嘲如今写写描描，怎能知日后情形，若嫁到农家，谁还去听她诗中的夜夜朝朝？

这首诗写的正是如贺双卿、韩西一般的乡野少女所面临的未来。贺双卿写作这首诗时，韩西即将出嫁，而自此之后，韩西再不可能像过往那样同她自由来往，而要像农妇一般操持家务，下地干活。

贺双卿怅然若失，可那又如何呢？她的出身如此，谈婚论嫁亦有局限。婚姻自古以来讲究门当户对，农户之家又怎么可能高攀上书香门第呢。

贺双卿的未来注定只能“问天不应”，她嫁人后的生活也不可能再去关注诗文中的“生生世世，夜夜朝朝”。

贺双卿长到十八岁，她日夜担忧的嫁期终于到来了。

可随着父亲的去世，家中失去了主心骨，毫无见识的母亲胡乱听从旁人的介绍，将贺双卿许给了邻村的农户周大旺。

周大旺年长贺双卿十余岁，同样目不识丁，粗鄙寡闻。起初他贪恋贺双卿的年轻貌美，在催促她做农活的同时允许她写诗，贺双卿已觉得欣喜至极。

可她的这份欣喜落在周大旺的母亲眼中，却显得极为刺目。

周母早年守寡，周大旺是她孤身一人抚养长大的。似乎每一个单亲家庭的母亲都极易产生婆媳问题，如陆游、叶绍袁，也如现在的周大旺。

只可惜，周大旺并不是一个读书人，他盲目愚孝且不通文墨，不懂贺双卿的诗词风韵，不屑她的风花雪月，一心只关注今日做了几桩农活，妻子是否侍奉好寡母。

于是，周大旺与贺双卿之间，渐渐有了口角。

可贺双卿又能如何说理呢？只能将纸笔藏在房间里，夜半时分写下自己的感伤：

浣溪沙

暖雨无情漏几丝，牧童斜插嫩花枝。小田新麦上场时。

汲水种瓜偏怒早，忍烟炊黍又嗔迟。日长酸透软腰肢。

湿罗衣

世间难吐只幽情，泪珠咽尽还生。手拈残花，无言倚屏。

镜里相看自惊，瘦亭亭。春容不是，秋容不是，可是双卿？

第一首写的是她的日常生活，每日忙碌于麦田瓜地，清晨早早地起床，仍要被怨怪起得迟，忙了一天回到家中只觉得腰肢都酸透了。贺双卿并不是娇生惯养的大家小姐，相反，她亦是自小在家干活的能干姑娘，可即便是这样，她都累得“酸透软腰肢”，可见周家让她劳作的力度之大，远超正常人的负荷。

第二首则是她的自怜之作，在周大旺和周母的看管下，她的“幽情”难以倾吐，只能将眼泪咽回喉咙之中，手里拈着残花，身体倚着屏风无言以对。时日久了，再照一照镜子，才惊觉自己瘦了太多，容貌生生摧残，仿佛已看不出是当年的贺双卿。

可即便如此，贺双卿藏在房中的诗作依然被周母找到。不喜她作诗的周母变本加厉，督促她不断劳作，日夜无休。

贺双卿的诗作也变得愈加苦闷。

其一

命如蝉翼愧轻绡，旧与邻娥一样娇。

阿母见儿还识否？苦黄生面喜红绡。

其二

冷厨烟湿障低房，爨尽梧桐谢凤凰。

野菜自挑寒自洗，菊花虽艳奈何霜。

其三

雪意阴晴向晚猜，床前无地可徘徊。

纵教化作孤飞凤，不到秦家弄玉台。

她曾经书写诗句的手，在冷灶厨房里忙碌，在冰天雪地里挑选野菜。她想做一只栖息在梧桐中的凤凰，奈何却只能做一朵迎霜傲雪的菊花。

贺双卿无法向旁人倾吐她的苦闷，只能用诗作来叙述这一份无奈和自勉。她已经嫁人了，面对命运便无从抗争。贺双卿努力做一个恪守妇道的好妻子，向粗俗的丈夫暗付一片柔情。每次丈夫外出打柴，她都在家中牵挂担忧；家中无钱交租，她典尽自己的衣裙，尽量为丈夫留下敝体棉衣。这点点滴滴的柔情都记在了她的诗中：

其一

编纫麻鞋线几重，采樵明日上西峰。
乍寒一夜风偏急，莫向郎吹尽向侬。

其二

今年膏雨断秋云，为补新租又典裙。
留得护郎轻絮暖，妾心如蜜取嫌君。

可周大旺读不懂贺双卿的这些诗，他眼里只看得到妻子又在无病呻吟、虚废光阴。周家母子都是极为现实的人，贺双卿的貌美在她的不够能干面前就显得无足轻重了。貌美不能当饭吃，才华也不能当饭吃，种多少麦子，收多少瓜果才是农户家中最关注的。

在日复一日的辛苦劳作，心情又万分苦闷的情况下，贺双卿染上了疟疾。疟疾在古代如果得不到很好的治疗，同绝症无异。周家母子却不以为然，甚至只当是普通的风寒，连大夫也不允许贺双卿去请。

周大旺的母亲为了断绝贺双卿的心思，数次折断她的毛笔，撕毁她的纸张。贺双卿无可奈何又无力抗争，可她依然没有停止过对于锦绣才情的追逐。没有毛笔，她便用炭粉，没有纸张，她便用树叶和残布，病到严重时，她迷迷糊糊写下一首《孤鸾·病中》聊以慰藉。

午寒偏准，早疟意初来，碧衫添衬。宿髻慵梳，乱裹帕罗齐鬓。忙中素裙未浣，摺痕边，断丝双损。玉腕近看如茧，可香腮还嫩。

算一生凄楚也拚忍。便化粉成灰，嫁时先忖。锦思花情，敢被爨烟熏尽。东菑却嫌饷缓，冷潮回，热潮谁问！归去将棉晒取，又晚炊相近。

这一首写在树叶上的《孤鸾·病中》终于被一位有心人拾到，在贺双卿将它埋进土中时，她遇见了人生中唯一的曙光——正在附近书院读书的学子史震林。

史震林欣赏她的才华，同情她的遭遇，便提出与她书信往来。

贺双卿谨守女德，只交给了他一些自己的诗作，偶尔写信唱和步韵，也发乎情而止乎礼，不敢越雷池一步。

史震林也曾想过帮助贺双卿脱离如今的惨境，可他当时只是书院的一名普通学子，没有身份也没有立场带贺双卿离开。

贺双卿也是不愿的。即便受折磨近乎病重致死，她所受的教育和训导教她，在家从父，出嫁从夫，她不能也不该跟随另一个男人离开。能通书信已是出格，更不用说交谈和交往。

可她多么向往自己的夫君是史震林这样能琴瑟和鸣的读书

人，互通诗文，互评诗作，言谈之间风流洒脱，仿佛是贺双卿梦中的美好生活。

可她知道，不能，也不可能。

于是，贺双卿只能在一片苦涩的静寂中，目送史震林在徘徊和犹豫中离开。

直到史震林离开后，她才写下了自己绵绵苦恨的心情。

赠史震林

终日思君泪空流，长安日远，一夜梦魂几度游。堪笑辛苦词客，也学村男村女，晨昏焚香三叩首。

求上苍保佑，天边人功名就，早谐鸾俦。应忘却天涯憔悴，他生未卜，此生已休！

她终日思念着这位擦肩而过的书生，午夜梦回，几度相见。原本自己不信神佛，如今也学着善男信女们，早晚三次叩首，只求上天保佑心上人功成名就，得娶佳妻，而后便忘了自己这天涯落魄之人，今生今世已彼此无缘，来生下世前途未卜。

贺双卿的诗作中，对她与史震林的未来绝望至极，不仅此生无望，更不期盼来生。她出身贫苦，史震林却是官家学子，本就是云泥之别，又怎么敢于泥沼之中期盼来生呢？

未多久，贺双卿便病重而亡。

直到她死后，周母仍搜出了她的诗作，一一焚烧殆尽，妄图将她遗留在世上的最后一点痕迹完全抹杀。

所幸世间有一个史震林，他小心翼翼地珍藏着贺双卿交给他的诗文，将之编纂进自己的《西青散记》中，给予了她绝高的评价：“才与貌至双卿而绝，贫与病至双卿而绝。”

此时的史震林已经是知名大儒，不知他是否会后悔无权无势之时没能鼓起勇气，带着贺双卿决然离开。但他终究还是做出了最大的努力，用他的声望地位让世间人都记住了一个贺双卿。

萍水相逢的一次交集，令贺双卿的名字终于在历史的长河中留下印记，清代诗人陈廷焯便说：“西青散记，载绡山女子双卿词十二阕。双卿负绝世才，秉绝代姿，为农家妇。姑恶夫暴，劳瘁以死。生平所为诗词，不愿留墨迹，每以粉笔书芦叶上，以粉易脱，叶易败也。其旨幽深窈曲，怨而不怒，古今逸品也。日用细故，信手拈来，都成异彩。”

她的信手拈来，都是异彩。这令人不无遗憾地去想，倘使她能有徐灿抑或是沈宜修那样的成长环境，这位惊采绝艳的女词人该有何种成就？即便仅仅留下十二阕词，她亦被无数诗词评论家推崇为“清代第一女词人”，这个“第一”名传千古，同她坎坷凄苦的遭遇一并代代相传。

贺双卿此生最爱重的便是自己的作品，倘使她知道，所有人都知晓一个貌美绝伦、天赋卓绝的贺双卿，读她的诗，品她的情，怜她的苦，这便足够慰藉了。

三生有幸
再结来世

○○○

沈鹊应

浪淘沙·悼晚翠

报国志难酬，碧血谁收。箧中遗稿自千秋。肠断招魂魂不到，云暗江头。

绣佛旧妆楼，我已君休。万千悔恨更何尤。拼得眼中无尽泪，共水长流。

晚清，是一个许多人不愿去回想的时代。十九世纪初的中国，危机四伏，内有农民起义，此起彼伏，外有列强环视，虎视眈眈，几千年的封建大国，就像根基不稳的老屋，处在风雨飘摇中。

鸦片战争爆发，清朝的大门被坚船利炮打开，“虎门销烟”事件后，林则徐名留千古。

沈鹊应便是这刚正不阿的气节的继承者。她出生在一个爱国名臣的家庭，祖父沈葆桢是晚清时期著名的能臣，父亲沈瑜庆是沈葆桢诸子之间才华最盛者，母亲是林则徐的幼女林金鸾的女儿。

可以说沈鹊应骨子里就流淌着报效家国的热血，她是沈瑜庆的长女，尤得看重，十一岁时便被送到当时的闽派诗歌巨擘陈衍处受教。这位被沈家视为掌上明珠的少女带着满族儿女的英姿飒爽，又兼具汉女的婉转灵韵，在晚清的风雨飘摇中，依然备受宠爱。

无论是晚明还是晚清，家将不家，国将不国，动荡之下，本就艰难喘息的普通民众生活则更艰难。沈鹊应传奇故事中的男主角林旭就是其中之一。

在福州，沈家是富甲一方的名门望族，名臣、才子迭出，提起沈鹊应，都知是千金小姐，如珠如宝。林旭则是普通破落人家的穷小子，父母双亡，靠叔父救济为生。

穷却不坠青云之志，林旭便是典型的代表，他出身贫穷却聪颖好学，神童之名自幼即远播乡里。林旭深知读书应试、考取功名的重要性，这也是他改变命运与生活的唯一途径。更何况，大清帝国的内忧外患激发了少年内心的斗志和热血，若能学成归来救国救民那该是何等自豪之事！

林旭的发奋苦读令他受到了江南水师学堂老师们的一致赞赏，在沈瑜庆前来视察之际，凭着单纯的爱才之心，老师们将林旭的文章交到了沈瑜庆的手中，期待这颗蒙尘的明珠被发现、挖掘。

沈瑜庆读罢林旭的文章后，不禁对这个出身穷苦人家的年轻人大为赞赏，他的文章里不仅有慷慨的陈词，亦有深谋远虑，对政事能提出全新的、广博的见解。胸中点墨可见天地，读其文章便可知其心性，沈瑜庆再细心查清林旭的身世后，当下决定将心爱的长女下嫁于他。

林旭的祖父林福祚并不是一个默默无闻的县令，他曾是沈瑜庆的父亲沈葆桢的得力干将，在他手中平反过多桩官员被冤之案，是难得的清白正直之人。

祖父如此，林旭本人亦非忘恩负义之辈，他靠叔父接济长大，与叔父感情极深，收到叔父来信甚至“跪读三四遍，涕下不能收”。

重情、重义、有才、有貌，林旭深得沈瑜庆欣赏，父母双亡的他此后便入赘沈家，拥有了全新的家人。

这是典型的大小姐和穷小子的戏剧性相爱剧情。沈鹊应在不知所措中就被父亲许给了一穷二白的林旭，但在显赫门第中长大的沈鹊应没有嫌贫爱富，相反，她和曾外祖父林则徐一样，对苍生民众怀着热爱，对自然风物藏着柔情，这从她的诗作中可见一斑。

如梦令·帘钩

明月一弯新样，终日傍人帘幌。挂起玉纤纤，草色增人惆怅。低放、低放，莫对平芜凝望。

沈鹊应的诗风颇似李清照，新月一弯，佳人倚帘，素手纤纤抬起布帘往外望，碧绿草色无限，却惹人惆怅，只得再将帘幕放下，免得触景伤情。

这首词应当写在婚后与林旭分别的时刻。新婚宴尔，相守并无多久，林旭就奔波在赶考的路上，沈鹊应挂心夫君，又抑制不住思念之情，遂下笔成诗，织就一片相思意。

林旭与沈鹊应结婚后，就拜在沈鹊应的恩师陈衍的伯兄陈书门下。林旭并没有因为生活的改善，娇妻在侧就放松对自己的要求，他珍惜沈瑜庆对他的慧眼识珠，疼爱沈鹊应的温柔善良，愈加努力，发誓要出人头地，报国立业。在陈书的教导下，林旭的诗词策论突飞猛进，得到了老师“夫二子者之作，必传无疑”的点评。

婚后次年，林旭便在乡试中夺得举人，其后两次参与会试不中，但并未气馁。在康有为第二次公车上书之时，林旭动员福建三百余名举人响应，为戊戌变法率先营造了浩大的声势，并因此受到了光绪皇帝的接见，被任命为军机章京，直接参与新政。

这一年，林旭还只有二十三岁。他意气风发，雄心壮志，追随着康有为的脚步，试图用年轻人的澎湃热血和革新的前进思想，去拯救这个行将就木的帝国。

可仅仅是在他任职的二十多天后，慈禧太后发动政变，软禁光绪帝，将参与变法的林旭在内六个主要关键人物问罪处斩。

这就是我们在历史书上读到的“戊戌六君子”。

曾经我们看这段历史，对此的印象唯有“烈士”二字，变法之人千千万万，没有不流血牺牲的。秦始皇统一六国前有商鞅变法，而后有北宋王安石变法，无一不以失败告终。商鞅最终遭到车裂，王安石弃官还乡，而现在，林旭在短短二十多天飞蛾扑火般的努力后，用死亡宣告了戊戌变法的同样失败。

此时的林旭，便如龚自珍笔下的落花，曾经有过灿烂的花期，可是现在已经到了花谢的季节，再也不能有所作为了。

可“落红不是无情物”，他的死亡并不是没有价值的。在其后，“三民主义”横空出世，孙中山站在这些牺牲者的肩膀上终于完成了改革和进步。

但成功距离林旭太遥远了，此时的他就像是一片枯叶一样随风飘落，把自己的生命交付给了微风和雨露。从此以后，在枝头灿烂、博得众人眼球的是那些正在鲜艳盛开的花朵，自己却不会被谁真正记得，也不会被谁有意提起。

林旭从成功到失败，短短二十多天，快到胜利的前一刻沈鹊应刚收到喜讯，下一秒噩耗便降临。

沈鹊应眨眼之间仿佛从天堂跌落到地狱。她悲愤之下，想要前往京城为夫君收尸入殓，可戊戌变法的失败如同平地惊雷，慈禧太后的手段狠戾果断，没有人敢在此风口浪尖之际为六位殉国的斗士入葬。

沈家是望族大家，审时度势是生存的基本手段，沈瑜庆身为大家族的掌门人，不能因为女儿女婿而让整个沈家成为慈禧太后的眼中刺。青山不改，绿水长流，未来的变革机会还有很多，无须在此刻做无谓的斗争。

沈鹊应在父母的劝说下，无可奈何地放弃了前往京城的想法，可是只要一想到心上人客死他乡，她却连为他送葬都不能，只能蜗居福州苟且偷生，她便痛心至极。除了写诗作词，她还有别的选择吗?

以泪洗面的沈鹊应，此时再没有伤春悲秋的情怀，她笔下只有字字句句的血泪。

“报国志难酬，碧血谁收。箧中遗稿自千秋。肠断招魂魂不到，云暗江头”，她的夫君本是壮志雄心，如今捐躯赴国难，碧血难收。作为妻子，她手中唯有几页遗稿聊以慰藉。无法亲手送别夫君，为之收尸，内心悲痛欲绝。古人讲究入土为安，沈鹊应却连这一点都不能为林旭做到，只能任由林旭的孤魂在外游荡，梦中也不复得见，她一时绝望透顶。

“绣佛旧妆楼，我已君休。万千悔恨更何尤。拼得眼中无尽泪，共水长流”，绣楼梳妆台都是旧时模样，但夫君不在，她万事俱休，内心更有千万悔恨，眼中清泪直似这无尽江水，奔流不息。

沈鹊应的这阕悼亡词，抛却了闲时作诗的华美技巧，丢掉了精心思考的巧言佳词，唯有字字质朴之言，道尽内心无限痛楚，她说：“我已无肠断，诗成寄与谁？”

钱仲联先生编选《清词三百首》时，收入沈鹊应两首词评价说：“悼夫之词，不施一些粉饰，全是朴素之词，为血泪所凝成。历代女词人悼夫之事，从未有如作者所写那样，丈夫是陷于不测之祸，为国事而死者。此词便自树一帜。”

林旭在前往京城任职时，恐怕就已经预料到自己的命运不会太好，他与友人提及沈鹊应，忧心忡忡：“娇妻尚在江表，莫得一面，英烈之性，必从吾死，不期酸泪如绠。”

林旭何其了解沈鹊应，知晓她柔中带刚的秉性，了解她坚贞不渝的意志。他从来不怕变法失败，为国前行终究是要流血的，他只怕沈鹊应“从吾死”，一念至此，就忍不住流泪大恸。

林旭所预料的没有错，沈鹊应一意追随夫君，多次以服药、绝食等手段自杀，都被沈瑜庆夫妇所阻止。

于是，生不如死、形容枯槁的沈鹊应强撑着病体，在私下悄设的灵堂里为夫君写下挽联：“伊何人，我何人，只凭六礼结成，惹得今朝烦恼；生不见，死不见，但愿三生有幸，再结来世姻缘。”

沈鹊应的这副挽联，唯有林觉民的《与妻书》的惨痛可以与之相比。

今生今世已休，唯盼来生来世再聚。

“明灯空照影，幽恨无人省。”纵使沈瑜庆夫妇能阻止爱女自尽，却阻挡不了死神来临的步伐。两年后，始终在悲伤中无法自拔的沈鹊应抑郁而终，同林旭一样，死在二十四岁这一年。仿佛是夫妇二人约定好了，结缡定百年，奈何桥上见。

时隔两年，沈家终于接回了林旭的白骨，同沈鹊应合葬，沈瑜庆亲笔为女儿女婿题写墓联：“千秋晚翠孤忠草，一卷崦楼绝命词。”

以往只觉得晚清的历史压抑，再看这对苦命鸳鸯，更觉心绪难平。

家国危难之际，多少未能留下姓名的年轻伴侣就此生死永别，多少年迈父母白发人送黑发人……热血染黄土，忠魂归故里，在历史的滚滚长河之间，他们始终在等待曙光来临的机会。可直至百年，这一个机会始终没有等来，国仇家恨成了每一个人心中无法愈合的伤口，一直陪伴着在黑暗中的前行者走到生命的尽头。

中华上下五千年，仍见碧血，熠熠如新。

我到人间只此回

○○○

吕碧城

琼楼

琼楼秋思入高寒，看尽苍冥意已阑。棋罢忘言谁胜负，梦余无迹任悲欢。

金轮转劫知难尽，碧海量愁未觉宽。欲拟骚词赋天问，万灵凄恻绕吟坛。

鲁迅曾经做过一个名为“娜拉出走之后”的演讲，他说“自由固不是钱所能买到的，但能够为钱而卖掉”。事实上，当时的鲁迅对于女性独立，思想仍没有像现代这样开放，他终究认为，每一个离开家庭的女性不是堕落，就是回来。

然而，在他说出这番话之前，有这样一位在旧社会的沉疴中走出女性独立天地的诗人，后世学者文人对她的评价为：“近三百年来最后一位女词人、中国第一位女性撰稿人、中国新闻史上第一个女编辑、中国第一位动物保护主义者、中国女权运动及女子教育的先驱者”等称号，这位奇女子诞生于原本昏暗无光的晚清。那就是，吕碧城。

她有无数个“第一”的称号，却只有一个“最后”的称呼，就是“近三百年来最后一位女词人”。

吕碧城出身藏书世家，父亲吕凤岐做过国史馆协修，可以想见其家学渊源。可读书人有志气，但无赖亲眷哪家都有。吕凤岐在吕碧城十二岁那年过世，吕家族人企图强占吕凤歧的财产，与吕碧城自幼定有婚约的汪家也忙不迭地提出退婚，成为孤家寡人的吕碧城跟随母亲投奔在塘沽任盐课司大使的舅父严凤笙。

吕碧城在严家长到二十岁，叛逆之心蠢蠢欲动，在听说天津城内有女学盛行，便向长辈提出要去天津学习。舅父严凤笙的旧思想根深蒂固，他严厉斥责了吕碧城，要她学习《女诫》，不允许她离开严家，不甘就此平庸度日的吕碧城毅然离家出走。

她逃票溜上前往天津的列车，在好心人的帮助下，结识了《大公报》的总编英敛之。吕碧城下笔成章，文采斐然，令英敛之刮目相看，当即决定聘请她担任《大公报》的见习编辑。

英敛之的异想天开不啻当年韦皋想要为薛涛申请校书郎一样离奇，幸而如今是清末民初，并非封建社会下的盛唐，吕碧城面对这一新奇的挑战，如初生牛犊一般无所畏惧地应承下来。

再回头来看吕碧城的词作，更觉她阅历见识远超同龄之人，年纪虽幼，内心却极为通透和独立。

“琼楼秋思入高寒，看尽苍冥意已阑。棋罢忘言谁胜负，梦余无迹任悲欢”，秋日萧瑟，琼楼之上尤觉得高处不胜寒，居高临下看遍风光却觉得意兴阑珊，一局棋罢胜负已不在心上，一场旧梦醒后无迹亦无悲欢。

“金轮转劫知难尽，碧海量愁未觉宽。欲拟骚词赋天问，万灵凄恻绕吟坛”，金轮转劫、碧海量愁都是佛家之语，吕碧城这两句有尽信天命的颓然。她原本是不服输的性情，写出这样听天由命的句子，应当是处在逆境之中。本来想要作诗向上苍询问，却只觉得写来异常凄恻。

吕碧城担任《大公报》的编辑后，便兴致勃勃地写了不少言辞犀利的文章，她脑海中的女权新思想逐步形成。当时的文人质朴又天真，见到意见相合的文章则异常惊喜，吕碧城名声大噪，备受许多名流作家的青睐。其中就包括“鉴湖女侠”秋瑾、女作家苏雪林等，苏雪林甚至还写了一篇文章，名为《女词人吕碧城与我》，其中写道：“从某杂志剪下她一幅玉照，着黑色薄纱的舞衫，胸前及腰以下绣孔雀翎，头上插翠羽数支，美艳有如仙子。”

吕碧城的备受瞩目离不开背后支持她的强大力量，那就是对她有知遇之恩的《大公报》及其总编英敛之。

英敛之对吕碧城的欣赏一发不可收拾，他正值盛年，风头正劲，而吕碧城亦风华正茂，才貌双全，男才女貌，本该是一对佳偶，但问题在于，英敛之早已娶妻，不是独身。

英敛之的妻子淑仲性情柔弱又自卑，面对吕碧城这样惊采绝艳的才女，她唯恐真正失去丈夫，只能咽泪吞声，不敢多言。

但英敛之与吕碧城到底是受过教育的读书人，两人屡屡相交，却从未有过逾矩之举，甚至吕碧城原本就保持着“年光荏苒，所遇迄无惬意者，独立之志遂以坚决焉”的想法，她不愿将就，亦不肯将就。

感情一旦有一方失控和倾斜，原本和谐的合作关系就开始变得不对等。即便努力控制住自己的爱意，但英敛之依然情难自禁地对吕碧城多加关注。可吕碧城不是淑仲，她个性极强，且分外独立，英敛之的关心在她眼里却成为过多的辖制和管教。

吕碧城年少气盛，多次对英敛之负气恶言，时间久了，英敛之的耐心亦到了尽头，在他的日记中，吕碧城从过去的美好渐渐变成“虚骄刻薄，态极可鄙”，最终两人发展到在报纸上上刊文互相驳斥。

文人相轻，此话一点也不假。英敛之和吕碧城最终由知己演变成了对敌。英敛之在日记中记载：“碧城因《大公报》白话，登有劝女教习不当妖艳招摇一段，疑为讥彼。旋于津报登有驳文，强词夺理，极为可笑。数日后，彼来信，洋洋千言分辩，予乃答书，亦千余言。此后遂永不来馆。”

从《大公报》离开后，吕碧城索性放弃了编辑这一职业，凭借她过去结交的名人商贾，她在改革大浪中毅然投身商界。

她确实是天生聪明，商场在她手上也玩转自如，仅仅三年时间，吕碧城便一跃成为上海这个十里洋场之间最富有的女人之一，随后又加入了风头无两的诗歌社团南社。

南社在当时的影响力有多大？至少我们熟知的汪精卫、张默君等都在其中。吕碧城貌美且有才，备受追捧，她的作品被同为南社成员的林庚白称赞为“读之使人回肠荡气，有不能自已者”。

从在列车上逃票的孤女到如今被捧到金字塔尖的大亨，吕碧城的人生是一场极其成功的反转剧。她并不因富有而放弃对自己的要求，自学了英语、法语、德语，甚至以上海《时报》特约记者的身份，前往美国哥伦比亚大学学习美术和文学。

自此，吕碧城始终在西方多国以及香港、澳门流连，一直到她去世，她也再未回过舅父严凤笙仿佛牢笼似的小家。

那喝令她学习《女诫》的声音此刻听来，更是刺耳和可笑。

六十一岁，吕碧城在睡梦中猛然惊醒，醒后她提笔写下人生中最后一首诗："护首探花亦可哀，平生功绩忍重埋。匆匆说法谈经后，我到人间只此回。"

这首诗仿佛是她人生最后的回响，仅仅二十天后，吕碧城便在香港的热土上永远地安睡了。

这位一生未婚的女词人，成了中国历史上的最后一位女词人，她的作品凄冷且彷徨，可以想见，在风光无限的背后，她孑然一身的生活有多么寂寞和冷清。

相比她的《琼楼》，我更喜爱她的另一首作品：

祝英台近

缒银瓶，牵玉井，秋思黯梧苑。蘸渌搴芳，梦堕楚天远。最怜娥月含颦，一般消瘦，又别后、依依重见。

倦凝眄，可奈病叶惊霜，红兰泣骚畹。滞粉黏香，绣屧悄寻遍。小栏人影凄迷，和烟和雾，更化作、一庭幽怨。

私以为，最后一句更贴合她的一生。

她光鲜靓丽，风头无两，内心却仿佛飘忽不定的一阵烟雾，百年过后，只能化作一庭幽怨。

是最后，也是第一，是终结，也是开始。

后记 诗以写情

诗以写情。

万事万物在诗人笔下都是另一种情愫。

“好雨知时节，当春乃发生”是杜甫笔下突如其来的春雨；“碧玉妆成一树高，万条垂下绿丝绦”是贺知章笔下新抽芽的柳枝；“天街小雨润如酥，草色遥看近却无”是韩愈笔下渐渐涨满的绿；是刘令娴“落日更新妆，开帘对春树”的女为悦己者容；是冯小青“瘦影自临春水照，卿须怜我我怜卿”的殷殷私语；是王清惠“曾记得春风雨露，玉楼金阙”痛失家国的春日悲歌……千变万化的多情，随心写意的春天，在一瞬间跃然纸上。

或许你会说，我们只在课本上读过前三句，而未曾知晓后三句。

我们所读到的历史，或是冰凉的铁马金戈，或是冷酷的无声厮杀，或是不动声色的朝代更迭……而这些都是属于男主角的独角戏，甚少有人会揭开这背后的帷幕，去窥探其中是否有着一个袅娜身影。她们用一身诗意去点缀男人们的江山，用一支妙笔去书写内心的每一句誓言与娇嗔，那一点玲珑笔墨，像是簪在发间的花，是点缀，也是点睛；不外乎，为你，为天地，为山河万里、日月星辰、地老天荒。

作为女诗人，她们的笔触细腻艳丽，也气势磅礴。多情不是后笔，喜怒不是小性，是每一个鲜活人生的只言片语。她们中的大多数，困厄不曾磨灭勇气，艰辛不曾改变心性，用一支笔、一首诗、一段词甚至一个字，写出了磐石无移的坚韧之志。

我愿用这微末的笔触去整理她们掩于旧卷的一生，或许不能道尽一切，但希望能隔着笔墨纸张，叩开横贯于我们面前的时间大门，去看一看熠熠生辉的诗海明珠。

爱格
Aigirl
赠品非卖

如梦令·帘钩　吕碧城

明月一弯新样，终日傍人帘幌。挂起玉纤纤，草色增人惆怅。低放、低放，莫对平芜凝望。

琼楼　吕碧城

琼楼秋思入高寒，看尽苍冥意已阑。
棋罢忘言谁胜负，梦余无迹任悲欢。
金轮转劫知难尽，碧海量愁未觉宽。
欲拟骚词赋天问，万灵凄恻绕吟坛。

浪淘沙·悼晚翠 沈鹊应

报国志难酬，碧血谁收。箧中遗稿自千秋。肠断招魂魂不到，云暗江头。绣佛旧妆楼，我已君休。万千悔恨更何尤。拼得眼中无尽泪，共水长流。

凤凰台上忆吹箫　贺双卿

寸寸微云，丝丝残照，有无明灭难消。正断魂魂断，闪闪摇摇。望望山山水水，人去去隐隐迢迢。从今后，酸酸楚楚，只似今宵。

西陵怀谭友夏　王微

西陵桥下水泠泠，
记得同君一叶听。
千里君今千里我，
春山春草为谁青？

到家　徐灿

朱栏曲曲隐妆楼，
到日重牵别日愁。
羞向海棠悲老大，
不禁红泪对花流。

秋日望仲韶京报不至　沈宜修

西风初冷碧香裾，
白首高堂暮倚闾。
岂是上林无一雁，
故教尺素杳双鱼。

无题 李因

曾咏梅花待晚春，
泉台应念未亡人。
再生恐是非非想，
愿化花魂作后身。

秋江晚泊　李因

石尤风急泊沙湾，日落寒江鸥鹭间。
秋水空明千里月，荒烟暝锁万重山。
樵歌野唱犹行路，僧寺残钟独掩关。
潦倒篷窗愁客梦，漫披诗史手重删。

闺中即事　黄峨

金钗笑刺红窗纸，
引入梅花一线香。
蝼蚁也怜春色早，
倒拖花瓣上东墙。

寄外　黄峨

雁飞曾不到衡阳，锦字何由寄永昌。
三春花柳妾薄命，六诏风烟君断肠。
曰归曰归愁岁暮，其雨其雨怨朝阳。
相闻空有刀环约，何日金鸡下夜郎？

无题 冯小青

稽首慈云大士前，
莫生西土莫生天。
愿为一滴杨枝水，
洒作人间并蒂莲。

寿阳曲·答卢疏斋　朱帘秀

山无数，烟万缕，憔悴煞玉堂人物。倚篷窗一身儿活受苦，恨不得随大江东去。

李陵台和水云韵　王清惠

李陵台上望，答子五言诗。
客路八千里，乡心十二时。
孟劳欣已税，区脱未相离。
忽报江南使，新来贡荔枝。

小重山 吴淑姬

谢了荼蘼春事休。无多花片子，缀枝头。庭槐影碎被风揉。莺虽老，声尚带娇羞。

独自倚妆楼。一川烟浪，衬云浮。不如归去下帘钩。心儿小，难着许多愁。

长相思令　吴淑姬

烟霏霏，雪霏霏。
雪向梅花枝上堆，
春从何处回！
醉眼开，睡眼开，
疏影横斜安在哉？
从教塞管催。

幽中胡马客　张玉娘

慷慨激忠烈，
许国一身轻。
愿系匈奴颈，
狼烟夜不惊。

如梦令 严蕊

道是梨花不是，道是杏花不是。白白与红红，别是东风情味。曾记，曾记，人在武陵微醉。

卜算子 严蕊

不是爱风尘，似被前缘误。
花落花开自有时，总赖东君主。
去也终须去，住也如何住。
若得山花插满头，莫问奴归处。

定风波　魏玩

不是无心惜落花，落花无意恋春华。昨日盈盈枝上笑，谁道，今朝吹去落谁家。把酒临风千种恨。难问，梦回云散见无涯。妙舞清歌谁是主，回顾，高城不见夕阳斜。

菩萨蛮 魏玩

溪山掩映斜阳里，楼台影动鸳鸯起。
隔岸两三家，出墙红杏花。
绿杨堤下路，早晚溪边去。
三见柳绵飞，离人犹未归。

辞蜀相妻女诗　黄崇嘏

一辞拾翠碧江湄，贫守蓬茅但赋诗。
自服蓝衫居郡掾，永抛鸾镜画蛾眉。
立身卓尔青松操，挺志铿然白璧姿。
幕府若容为坦腹，愿天速变作男儿。

子夜歌　晁采

侬既剪云鬟，
郎亦分丝发。
觅向无人处，
绾作同心结。

池上双凫　薛涛

双栖绿池上，
朝暮共飞还。
更忆将趋日，
同心莲叶间。

春望　薛涛

花开不同赏，
花落不同悲。
欲问相思处，
花开花落时。

光宅寺　刘令娴

长廊欣目送，
广殿悦逢迎。
何当曲房里，
幽隐无人声。

答外诗　刘令娴

花庭丽景斜，兰牖轻风度。
落日更新妆，开帘对春树。
鸣鹂叶中响，戏蝶花间骛。
调瑟本要欢，心愁不成趣。
良会诚非远，佳期今不遇。
欲知幽怨多，春闺深且暮。

璇玑图　苏蕙

嗟叹怀所离经，遐旷路伤中情。
家无君房帏清，华饰容朗镜明。
葩纷光珠曜英，多思感谁为荣？
周风兴自后妃，楚樊厉节中闱。
长叹不能奋飞，双发歌我衮衣。
华观冶容为谁？宫羽同声相追。

啄木诗　左棻

南山有鸟，自名啄木。
饥则啄树，暮则巢宿。
无干於人，惟志所欲。
性清者荣，性浊者辱。

塘上行 甄宓

莫以豪贤故，弃捐素所爱。
莫以鱼肉贱，弃捐葱与薤。
莫以麻枲贱，弃捐菅与蒯。
出亦复苦愁，入亦复苦愁。
边地多悲风，树木何翛翛！
从君致独乐，延年寿千秋。

葛生　徐淑

夏之日，冬之夜。
百岁之后，归于其居。
冬之夜，夏之日。
百岁之后，归于其室。

离思赋 班昭

君子之思，必成文兮。盍各言志，慕古人兮。先君行止，则有作兮；虽其不敏，敢不法兮。贵贱贫富，不可求兮。正身履道，以俟时兮。修短之运，愚智同兮。靖恭委命，唯吉凶兮。敬慎无怠，思嗛约兮。清静少欲，师公绰兮。

一本书读完
风华女诗人
匆匆说法谈经后，
我到人间只此回。
临
帖
集